essentials

Essentials liefern aktuelles Wissen in konzentrierter Form. Die Essenz dessen, worauf es als „State-of-the-Art" in der gegenwärtigen Fachdiskussion oder in der Praxis ankommt. *Essentials* informieren schnell, unkompliziert und verständlich

- als Einführung in ein aktuelles Thema aus Ihrem Fachgebiet
- als Einstieg in ein für Sie noch unbekanntes Themenfeld
- als Einblick, um zum Thema mitreden zu können

Die Bücher in elektronischer und gedruckter Form bringen das Fachwissen von Springerautor*innen kompakt zur Darstellung. Sie sind besonders für die Nutzung als eBook auf Tablet-PCs, eBook-Readern und Smartphones geeignet. *Essentials* sind Wissensbausteine aus den Wirtschafts-, Sozial- und Geisteswissenschaften, aus Technik und Naturwissenschaften sowie aus Medizin, Psychologie und Gesundheitsberufen. Von renommierten Autor*innen aller Springer-Verlagsmarken.

Stefan Behringer • Timo Heroth

Stärkung des ESG-Engagements durch aktive Eigentümerschaft

Erfolgsfaktoren und Praxisansätze für die Öl-, Gas- und Automobilindustrie

Stefan Behringer
Institut für Finanzdienstleistungen Zug
Hochschule Luzern
Rotkreuz, Schweiz

Timo Heroth
Institut für Finanzdienstleistungen Zug
Hochschule Luzern
Rotkreuz, Schweiz

ISSN 2197-6708 ISSN 2197-6716 (electronic)
essentials
ISBN 978-3-658-51642-0 ISBN 978-3-658-51643-7 (eBook)
https://doi.org/10.1007/978-3-658-51643-7

Die Deutsche Nationalbibliothek verzeichnet diese Publikation in der Deutschen Nationalbibliografie; detaillierte bibliografische Daten sind im Internet über https://portal.dnb.de abrufbar.

Planung/Lektorat: Catarina Gomes de Almeida
Springer Gabler ist ein Imprint der eingetragenen Gesellschaft Springer Fachmedien Wiesbaden GmbH und ist ein Teil von Springer Nature.
Die Anschrift der Gesellschaft ist: Abraham-Lincoln-Str. 46, 65189 Wiesbaden, Germany

Was Sie in diesem *essential* finden können

- Eine Einführung in die aktive Eigentümerverantwortung von Vermögensinhabern und Asset Managern zur positiven Beeinflussung von Unternehmen und ihren Managern durch ESG-Engagement
- Fallstudien zu erfolgreichem Stewardship im Bereich ESG
- Erfolgsfaktoren für ein ESG-Engagement insbesondere im Öl- und Gassektor sowie in der Automobilwirtschaft

Vorwort

Investoren engagieren sich immer stärker für nachhaltiges Wirtschaften bei ihren Beteiligungsunternehmen. Die Finanzmärkte leisten dadurch einen wichtigen Beitrag zur Dekarbonisierung der Wirtschaft und damit zur Einhegung des Klimawandels. Wie aber genau kann eine aktive Eigentümerverantwortung zur Nachhaltigkeit der Wirtschaft beitragen? Diese Frage wird in diesem *essential* auf Basis von Literaturrecherchen und Experteninterviews mit einer Auswahl der namhaftesten Organisationen im Bereich ESG Engagement beantwortet. Dabei konzentrieren wir uns auf diejenigen Branchen, die einen besonders großen Beitrag zum Hunger der Wirtschaft nach fossilen Brennstoffen leisten: Die Öl- und Gasindustrie sowie den Automobilsektor.

Diese Studie ist möglich gemacht worden durch die großzügige Finanzierung der Stiftung Sustinas in Zug. Wir danken für die finanzielle Unterstützung aber auch für Rat und Tat während der Erstellung der Studie.

Rotkreuz
im Januar 2026

Stefan Behringer
Timo Heroth

Inhaltsverzeichnis

Abkürzungsverzeichnis

BEV	Batterieelektrische Fahrzeuge
CapEx	Capital Expenditure
CEO	Chief Executive Officer
CSR	Corporate Social Responsibility
CSRD	Corporate Sustainability Reporting Directive
ESG	Environment, Social, Governance
EU	Europäische Union
GHG	Greenhouse Gas Protocol
IEA	Internationale Energie Agentur
IFRS	International Financial Reporting Standards
ISSB	International Sustainability Standards Board
KPI	Key Performance Indicator
NGO	Non-Government Organisationen
PRI	Principles for Responsible Investment
SBTi	Science Based Targets Initiative
TPI	Transition Pathway Initiative
UNEP	UN Environment Programme

Einleitung 1

Mit der zunehmenden Regulierung der ESG-Berichterstattung (Environment, Social, Governance) und der wachsenden Bedeutung von Nachhaltigkeit im unternehmerischen Risikomanagement hat sich auch die Relevanz des ESG-Engagements von Investoren im Sinne einer langfristig orientierten Wertschöpfung deutlich erhöht.

Das vorliegende Buch befasst sich mit den Erfolgsfaktoren eines solchen ESG-Engagements, das häufig im Kontext von «Stewardship» bzw. «Investor Stewardship» diskutiert wird. Dabei wird der Investor zum Treuhänder *(steward),* der als intrinsisch motivierter Agent Unternehmen zu nachhaltigem Handeln bewegt.[1]

Die Instrumente, die einem Steward sowohl als Vermögensinhaber *(asset owner)* als auch als Vermögensverwalter *(asset manager)* zur Verfügung stehen, umfassen neben Verwaltungs- bzw. Aufsichtsratsmandaten insbesondere die Ausübung von Stimmrechten *(proxy voting)* sowie die direkte Einflussnahme auf das Management im Sinne eines zielorientierten, konstruktiven Dialogs *(ESG engagement).*

ESG-Engagement wird als aktiver Dialog von Investoren und Dienstleistern mit den Unternehmen, in die sie investieren, definiert, um langfristig finanziellen und sozialen Wert zu schaffen. Durch das ESG-Engagement werden Herausforderungen in Bezug auf ESG positiv angegangen. Engagierte Investoren bewältigen nachhaltigkeitsbezogene Risiken, indem sie sich aktiv und kritisch, bei Unternehmen, in die sie investiert sind, einmischen (Brunner & Fäh, 2023). Die meisten der

[1] Alle im Text verwendeten Personenbezeichnungen gelten gleichermaßen für alle Geschlechter. Auf eine explizite Nennung wurde zugunsten der Lesbarkeit verzichtet.

S. Behringer, T. Heroth, *Stärkung des ESG-Engagements durch aktive Eigentümerschaft*, essentials, https://doi.org/10.1007/978-3-658-51643-7_1

wichtigsten Stewardship- und Governance-Kodizes in der EU und darüber hinaus betrachten den Dialog zwischen Unternehmensvorständen und den Aktionären des Unternehmens als wichtiges Instrument für das Engagement (Balp & Strampelli, 2022). Dabei können die konkreten Ziele der Investoren für ESG-Engagements sehr unterschiedlich sein. So kann die Auseinandersetzung mit konkreten wesentlichen Nachhaltigkeitsthemen, die Umstrukturierung von Corporate-Governance-Organen und die Förderung der Umwelt-, Sozial- und Governance-Leistung, wie z. B. Netto-Null-Übergangsziele, angestrebt werdEn. Die meistEn ESG-Engagement-Initiativen zielen darauf ab, Risiken zu mindern und gleichzeitig positive Wirkung auf den Unternehmenserfolg zu erzielen.

Das Konzept des Stewardship zielt darauf ab, Herausforderungen im Bereich Nachhaltigkeit positiv zu adressieren. So wird es beispielsweise im Swiss Stewardship Code (Brunner & Fäh, 2023) postuliert. Das Konzept basiert auf der Praxis der «aktiven Eigentümerverantwortung», also der Einmischung in die Unternehmensstrategie durch die Investoren. Stewardship umfasst eine Reihe von Grundprinzipien, darunter strukturiertes Engagement, robuste Governance-Praktiken, klar formulierte Stewardship-Richtlinien, verantwortungsbewusstes Abstimmungsverhalten, Eskalationsmechanismen und die kontinuierliche Überwachung der Unternehmen, in die investiert wird. Die Idee und das Konzept des Stewardships stammen aus der Stewardship-Theorie (Donaldson & Davis, 1991), nach welcher Manager, Investoren und Aufsichtsräte von Natur aus motivierte Treuhänder ihres Unternehmens sind.

Aktive Eigentümerverantwortung hat eine lange Geschichte. Bereits 1994 hob Nesbitt die langfristigen Vorteile des Engagements von Aktionären in Unternehmen hervor (Nesbitt, 1994). Seitdem hat sich diese Praxis erheblich weiterentwickelt, insbesondere durch die Einführung von Regulierungen und nationalen Stewardship-Kodizes, die die Verantwortlichkeiten von Investoren und institutionellen Anlegern festlegen und Investitionspraktiken fördern, die auf Verantwortung basieren, die über die reine Treuhandpflicht hinausgehen. In den letzten Jahren haben mehrere Länder Stewardship-Kodizes eingeführt, darunter die Niederlande (2018), die EU (2018), das Vereinigte Königreich (2019) und die Schweiz (2023). Diese Kodizes enthalten normative Leitlinien zu den Verantwortlichkeiten von Vermögensinhabern und Vermögensverwaltern und umreißen die Erwartungen an eine aktive Eigentümerverantwortung und zu Engagementpraktiken unter Berücksichtigung von Umwelt-, Sozial- und Governance-Aspekten in Anlageentscheidungen.

Der wachsende Einfluss von Initiativen wie den Principles for Responsible Investment (PRI) in Verbindung mit der Professionalisierung von Engagement-Praktiken und der Entstehung von Nachhaltigkeitsstandards und ESG-Ratings hat das ESG-Engagement zu einem wichtigen Mechanismus für die Steuerung von

Finanzkapital gemacht. Infolgedessen zeigen Vermögensinhaber, institutionelle Anleger und Vermögensverwalter in den letzten Jahren ein zunehmendes Interesse daran, ESG-bezogene Risiken und Chancen aktiv zu managen (Balp & Strampelli, 2022).

Im ersten teil dieser Studie werden relevante Forschungsarbeiten aus der Literatur zu ESG-Engagement und Stewardship identifiziert und analysiert. Dabei werden die zugrundeliegenden Nachhaltigkeitsziele und -themen untersucht, die typischerweise den Dialog zwischen Investoren und den Unternehmen, in die sie investieren, prägen. Das Hauptziel dieser Analyse ist es, die Faktoren und Themen herauszuarbeiten, die zur Wirksamkeit und zum Erfolg von Engagement-Strategien beitragen.

Auf dieser Grundlage wird anschließend mithilfe von Fallstudien ermittelt, welche Erfolgsfaktoren es für ein aktives ESG-Engagement bei Unternehmen gibt. Dieser Ansatz wird durch Experteninterviews mit Verantwortlichen von acht führenden Organisationen im Bereich Nachhaltigkeits- und Netto-Null- *(net zero)* Engagement ergänzt. Damit kann aufgezeigt werden, welche Strategien Vermögensinhaber und Verwalter anwenden, um die investierten Unternehmen in Richtung Netto-Null Emissionen für Treibhausgase zu steuern. Der Schwerpunkt der Experteninterviews liegt in den Sektoren Öl und Gas sowie Automobil. Damit werden Branchen adressiert, die für einen signifikanten Teil der Emissionen von Treibhausgasen verantwortlich sind.

Während Finanzinvestoren, Vermögensverwalter, Versicherer und Banken generell die Notwendigkeit von ESG-Engagement anerkennen, gibt es nur wenig aktuelle empirische Forschung zu ESG-Engagements. Darüber hinaus stößt das umfassendere Thema der nachhaltigen Unternehmensführung zunehmend auf Gegenwind in der Öffentlichkeit. Im politischen Diskurs gewinnen Kräfte die Oberhand, die ESG-Regulierungen kritisch sehen. Dies zeigt sich auch in der Abkehr einiger institutioneller Investoren von Netto-Null-Allianzen und einer Tendenz zur Reduzierung der Nachhaltigkeitsverpflichtungen von Unternehmen (Meredith, 2025). Beispielsweise haben die «stop the clock» Initiative der EU und der umfassend geforderte Bürokratieabbau im Bereich ESG-Reporting und Lieferkettenverpflichtung zu reduzierten Anforderungen an Unternehmen geführt. Diese Gegenreaktion stellt langfristige Engagementstrategien vor erhebliche Herausforderungen (Sætra, 2024).

Ein wesentlicher Faktor für die Wirksamkeit von ESG-Engagements ist die Qualität der zugrunde liegenden Daten, die zur Bewertung von Nachhaltigkeitsrisiken und -chancen verwendet werden. Die begrenzte Verfügbarkeit solcher Daten und die Frage der Vertraulichkeit gegenüber Investoren und Unternehmen stellen Hindernisse für Theorie und Praxis bei der Einschätzung von ESG-Engagements dar (Clark et al., 2015; Heroth et al., 2024; In et al., 2019).

Diese Studie zielt darauf ab, diese Lücken zu schließen, indem sie sowohl theoretische Einblicke als auch praktische Erkenntnisse für Leser liefert – sei es aus der Perspektive von Unternehmen oder von Vermögensinhabern und -verwaltern – mit dem übergeordneten Ziel, die Transparenz und Wirksamkeit von Nachhaltigkeits- und Netto-Null-Engagement-Praktiken zu verbessern.

2 Literatur zu Erfolgsfaktoren für ein ESG-Engagement

Der Großteil der zwischen 2014 und 2025 veröffentlichten wissenschaftlichen Literatur zum Thema ESG-Engagement konzentriert sich auf globale Finanzinvestoren, darunter private und öffentliche institutionelle Vermögensinhaber, öffentliche Fonds, Pensionsfonds und Vermögensverwalter. Eine genauere Betrachtung der Forschung, die in Fachzeitschriften zu den Themen Vermögensverwaltung, Corporate Governance, Pensionskassenmanagement, Unternehmensfinanzierung, Unternehmensethik, soziale Verantwortung und Rechnungswesen veröffentlicht wurden, zeigt, dass der Kontext und die Ziele des ESG-Engagements erheblich variieren.

Die langfristige Schaffung von finanziellem Wert wird als ein wichtiger Erfolgsfaktor für Engagements hervorgehoben. Studien legen nahe, dass die Auseinandersetzung mit finanziell relevanten ESG-Themen den Shareholder Value steigert, da Unternehmen eher bereit sind, Maßnahmen zu ergreifen, wenn diese eindeutig mit der finanziellen Performance in Verbindung stehen (Bauer et al., 2023).

Im Allgemeinen stellt die Konzentration auf für Unternehmen relevante Themen einen entscheidenden Faktor für den Erfolg von ESG-Engagements dar (siehe Bauer et al., 2023; Eccles & Klimenko, 2019; Mercereau et al., 2022; Wagemans et al., 2018). Eccles und Klimenko (2019) betonen, dass passive und aktive Investoren, die langfristige Beteiligungen halten, einen Anreiz haben, sich für Umwelt, Sozial- und Governance-Themen und damit in Bezug stehender Risiken und Chancen zu engagieren, vor allem, wenn wesentliche ESG-Belange in der Lage sind, die finanzielle Performance zu beeinflussen.

Materialität oder Wesentlichkeit bedeutet nach der ursprünglichen Definition von Bernstein (1967) „die Qualifizierung einer Anforderung zur Bereitstellung von

S. Behringer, T. Heroth, *Stärkung des ESG-Engagements durch aktive Eigentümerschaft*, essentials, https://doi.org/10.1007/978-3-658-51643-7_2

Informationen zu einem beliebigen Thema, wobei die erforderlichen Informationen auf diejenigen Sachverhalte beschränkt sind, über die ein durchschnittlich umsichtiger Anleger vor dem Kauf des registrierten Wertpapiers vernünftigerweise informiert sein sollte" (Bernstein, 1967, S. 88). Im Hinblick auf Nachhaltigkeitsinformationen und -reporting wird die Fokussierung auf finanzielle und wirkungsbezogene Wesentlichkeit (doppelte Wesentlichkeit) durch Nachhaltigkeitsvorschriften wie die Richtlinie über die soziale Verantwortung von Unternehmen (CSRD) in der EU weiter verstärkt und gewinnt für Unternehmen und Investoren zunehmend an Bedeutung. Bauer et al. (2023) betonten, dass ein auf wesentlichen Themen basierendes Engagement von Aktionären eher zum Erfolg führt, da es „einfacher erscheint, Unternehmen davon zu überzeugen, ihre wesentlichen ESG-Themen und -Praktiken zu verbessern" (Bauer et al., 2023, S. 65). Der Grund dafür ist die steigende Anerkennung der finanziellen Relevanz von wesentlichen ESG-Themen im Hinblick auf Aktienmarktperformance und Rentabilität.

Mercereau et al. (2022) betonten, dass „die Märkte diese [wesentlichen] Faktoren entsprechend bewerten" (Mercereau et al., 2022, S. 560), was für eine Konzentration auf die wichtigsten ESG-Themen und einen Peer-Group-bezogenen Ansatz für Best Practices in einer Branche spricht. Den Autoren zufolge ist die Konzentration auf wesentliche ESG-Themen und Parameter eine erfolgreiche Maßnahme zur Steigerung der Renditen für Anleger. Je nach Branche und geografischem Schwerpunkt sind die wichtigsten Themen die Reduktion der CO_2-Emissionen, die Verbesserung der Geschlechterdiversität in Vorstand und Aufsichtsrat, die Verkleinerung von Vorstand und Aufsichtsrat und die Anpassung der Amtszeit ihrer Mitglieder (Mercereau et al., 2022, S. 555).

In verschiedenen Publikationen werden Fragen der Unternehmensführung als entscheidende Faktoren für den Erfolg von Engagements angesehen (siehe Bauer et al., 2023; Clark et al., 2015; Khan et al., 2016; Li & Wu, 2020; Piani & Gond, 2014; Semenova & Hassel, 2019; Wagemans et al., 2018). Bauer et al. (2023) betonten, dass Governance für alle Sektoren von Bedeutung ist und aufgrund dessen ein entscheidender Faktor für den Erfolg des ESG-Engagements ist. Bonacchi et al. (2022) untersuchten den Einfluss qualifizierter Investoren auf Fragen der Unternehmensführung – insbesondere die Vielfalt und Unabhängigkeit des Vorstands – und liefern empirische Belege dafür, dass sich diese Aspekte durch das Engagement der Investoren verbessert haben.

Wagemans et al. (2018) untersuchten das ESG-Engagement niederländischer Pensionsfonds. Die Autoren betonten, dass die Legitimität und Bedeutung der Investoren für Glaubwürdigkeit und Vertrauen relevant sind, damit eine effektive

Einbindung von ESG anhand von Engagements beim Beteiligungsunternehmen gelingt.

Ein weiterer Impuls für ESG-Engagements – und ein entscheidender Faktor für deren Erfolg – sind ESG-bezogene Vorfälle und Kontroversen. Diese können dem Ruf des Unternehmens schaden und Rechenschaftspflichten schaffen. Solche Kontroversen können die Kapitalbeschaffung beeinträchtigen und damit zu verstärkter Überwachung und Engagement durch die Investoren führen (Duevski et al., 2023; Liang et al., 2025). Dies wird durch Untersuchungen von Li und Wu (2020) gestützt, die feststellten, dass die Art der Eigentumsverhältnisse und die Position eines Unternehmens in der Wertschöpfungskette, insbesondere seine Nähe zu den Endverbrauchern, die Ergebnisse des Engagements erheblich beeinflussen. Engagement war in nachgelagerten Sektoren wie dem Einzelhandel und der Elektronikbranche erfolgreicher, wo Unternehmen näher an den Endverbrauchern sind und daher stärker auf Reputationsdruck reagieren. In diesen Sektoren wurden nach dem Engagement konkrete Verbesserungen beobachtet. Im Gegensatz dazu war der Erfolg des Engagements in vorgelagerten Branchen wie Rohstoffen und Rohstoffgewinnung, in denen die Sichtbarkeit für die Verbraucher gering ist, begrenzt. Diese begrenzte Wirksamkeit trägt laut den Autoren zu einem entkoppelten CSR-Verhalten bei, das durch das Fehlen „unmittelbarer Belohnungen für CSR-Engagement" bedingt ist (Li & Wu, 2020, S. 2586). Sie stelltEn ferner fest, dass die Übereinstimmung der Interessen von Aktionären und Stakeholdern ein zentraler Treiber für ein wirksames ESG-Engagement ist.

Andere Studien betonen, dass Themen aus dem Bereich Umwelt geeignete Ziele für ESG-Engagements darstellen (siehe Azar et al., 2021; Barnett & Peura, 2022; Hoepner et al., 2018). Ein vorrangiges Ziel von Engagement ist die Minderung von Umweltrisiken, insbesondere solchen, die mit dem Klimawandel und seinen finanziellen Auswirkungen verbunden sind (Hoepner et al., 2018). Hoepner et al. (2018) kamen zu dem Schluss, dass klimaorientierte Engagements am erfolgversprechendsten sind. Ein Grund dafür ist, wie die Autoren darlegen, dass die Bedeutung des Klimawandels weithin anerkannt ist. Umgekehrt leidet der Erfolg von Themen des sozialen Engagements oft unter subjektiven Bedenken, da diese schwerer greifbar sind.

Barnett und Peura (2022) betonen, dass das Engagement in der Wertschöpfungskette entscheidend für die Steuerung von Portfolios hin zu Netto-Null-Zielen ist. Das Engagement in der Wertschöpfungskette erfolgt meist mithilfe von Brancheninitiativen. Für Investoren ist es unerlässlich, „Ergebnisse anzustreben, systemische Nachhaltigkeitsfragen zu priorisieren und Zusammenarbeit als integrales Instrument zur Überwindung des Problems anhand kollektiven Handelns zu nutzen" (Barnett & Peura, 2022, S. 18; Peres Da Costa & Chandler, 2019).

Der Einfluss der Beteiligungshöhe – also des prozentualen Anteils am investierten Unternehmen – auf den Erfolg von Engagement-Aktivitäten wird in der Literatur kontrovers beurteilt. Einige Studien kommen zu dem Ergebnis, dass die vom Eigentümer und Verwalter gehaltene Beteiligungsquote keinen messbaren Einfluss auf die Erfolgswahrscheinlichkeit von Engagements hat (Barko et al., 2022, S. 790). Azar et al. (2021) analysierten jedoch die Rolle der „Big Three" der Finanzmärkte – Blackrock, Vanguard und State Street – und deren Einfluss auf MSCI-Indexunternehmen. Unter Berücksichtigung der Einschränkungen im empirischen Design ihrer Studie kamen die Autoren zu dem Schluss, dass diese drei Unternehmen einen Einfluss auf die Reduzierung der CO_2-Emissionen der Unternehmen haben, an denen sie einen bedeutenden Anteil halten (konkret bei mehr als 3.4 % Anteil). Folglich bedeutet ein größerer Anteil laut den Autoren der Studie weniger CO_2-Emissionen und einen Erfolg des Engagements. Azar et al. (2021) betonten darüber hinaus, dass die Präsenz prominenter institutioneller Investoren tendenziell eine verstärkte Kontrolle durch externe Akteure – wie beispielsweise Umweltaktivisten – nach sich zieht, die ihre Bemühungen eher auf Unternehmen mit hochkarätigen Eigentümern richten, was möglicherweise einen Spillover-Effekt für das Engagement zur Folge hat.

Eine Lücke in der Literatur liegt in der Betrachtung von einzelnen Branchen. Im Rahmen der Netto-Null-Transition gehören der Öl- und Gassektor sowie die Automobilbranche zu den CO_2-intensivsten Sektoren und sehen sich einem erhöhten Druck vonseiten von Investoren und der Gesellschaft ausgesetzt. Sie stehen folglich unter besonderer Beobachtung durch ihre Stakeholder. Es ist jedoch wenig darüber bekannt, wie Praktiker im Bereich ESG-Engagement mit sektorspezifischen Herausforderungen im Kontakt mit Unternehmen dieser Sektoren umgehen. Empirische Belege für Erfolgsfaktoren und maßgeschneiderter Engagement-Ansätze, die von Praktikern zur Unterstützung einer aktiven Eigentümerverantwortung in diesen emissionsintensiven Sektoren eingesetzt werden, sind nach wie vor rar. Um diese Lücke zu schließen, soll die folgende Untersuchung tiefere Einblicke in die praktischen Dimensionen von ESG-Engagements in der Öl- und Gasindustrie sowie im Automobilsektor geben.

Fallstudien zum ESG-Engagement aus der Öl- und Gas- sowie der Automobilbranche

3

3.1 Das Ziel der «Netto-Null-Transition» und das 1,5 °C-Ziel

Die Transition zu Netto-Null bei Treibhausgasmissionen bis 2050 erfordert eine tiefgreifende Transformation der globalen Wirtschafts- und Energiesysteme. Dieses Ziel steht im Einklang mit dem Pariser Abkommen, das darauf abzielt, die globale Erwärmung auf maximal 1,5 °C über dem vorindustriellen Niveau zu begrenzen und damit die gravierendsten Folgen des Klimawandels zu vermeiden. Um dieses Ziel zu erreichen, ist es nötig, die kumulativen Emissionen langlebiger Treibhausgase wie Kohlendioxid (CO_2) und Distickstoffmonoxid (N_2O), auch Lachgas genannt, sowie andere Klimaschadstoffe streng zu beschränken. Dazu ist der Einsatz innovativer Technologien, eine umfassende Umstellung auf erneuerbare Energiequellen, Anstrengungen zur Eindämmung der Entwaldung, die Förderung nachhaltiger landwirtschaftlicher Praktiken und transformative Veränderungen sowohl im individuellen Verhalten als auch im kollektiven Handeln der Gesellschaft erforderlich (Allen et al., 2018).

Der UNEP Emissions Gap Report 2024 (UNEP, 2024) unterstreicht die dringende Notwendigkeit, die nationalen Klimaschutzverpflichtungen ehrgeiziger zu gestalten. Um einen mit dem 1,5 °C-Ziel kompatiblen Weg mit den geringsten Kosten einzuschlagen, müssen die globalen Emissionen bis 2030 gegenüber dem Niveau von 2019 um 42 % sinken. Für das 2 °C-Ziel wäre innerhalb desselben Zeitraums immer noch eine Reduzierung um 28 % erforderlich. Mit Blick auf das Jahr 2035 – dem nächsten Meilenstein für aktualisierte national festgelegte Beiträge (NDCs) – müssten die globalen Emissionen gegenüber dem heutigen Niveau für

S. Behringer, T. Heroth, *Stärkung des ESG-Engagements durch aktive Eigentümerschaft*, essentials, https://doi.org/10.1007/978-3-658-51643-7_3

einen 1,5 °C-kompatiblen Pfad um etwa 57 % und für einen 2-°C-Pfad um rund 37 % sinken. Da die globalen Treibhausgasemissionen jedoch im Jahr 2023 einen Rekordwert von 57,1 Gigatonnen CO_2-Äquivalent erreicht haben, ist das Ausmaß der erforderlichen Reduktionen gegenüber dem aktuellen Niveau noch anspruchsvoller und dringlicher geworden.

Bei den Unternehmensemissionen differenziert man nach Scope 1, den direkten Emissionen, die aus der Leistungserstellung im Unternehmen resultieren. Scope 2 sind Emissionen, die aus dem Einkauf des Unternehmens entstehen, also z. B. dem Erwerb von Energie. Scope 3 sind Emissionen, die aus der vor- und nachgelagerten Wertschöpfungskette kommen, also aus den Rohstoffen und Vorprodukten bzw. aus der nachgelagerten Verwendung der Produkte. Noch nicht so verbreitet in der Berichterstattung ist der Scope 4. Hier handelt es sich um indirekt vermiedene Emissionen bei der Verwendung des Produkts.

Was die Verpflichtungen von Unternehmen zur Netto-Null-Transition angeht, so zeigen die neuesten Ergebnisse der Climate Action 100+ Net Zero Company Benchmark 2.1 (2024), dass 81 % der weltweit größten Treibhausgasemittenten – das sind 133 von 165 Unternehmen – Netto-Null-Ziele festgelegt haben, die mindestens ihre Scope-1- und Scope-2-Emissionen umfassen. Allerdings hat weniger als die Hälfte dieser Unternehmen (46 %) ihre Netto-Null-Ziele auf Scope-3-Emissionen ausgeweitet, die für viele Sektoren, für die Daten verfügbar sind, bedeutende Emissionskategorien darstellen. Die meisten dieser Unternehmen haben sich lang- (84 %) und mittelfristige (85 %) Ziele zur Reduzierung ihrer Treibhausgasemissionen gesetzt, was ihr verstärktes Engagement für die Emissionsminderung widerspiegelt. Dennoch bleibt die Entwicklung glaubwürdiger kurzfristiger Ziele eine entscheidende Lücke, die den Fortschritt bei der Erreichung der Klimaziele behindert (ClimateAction, 2024).

Trotz dieser formellen Verpflichtungen sind die Klimaziele der Unternehmen nach wie vor nicht ausreichend auf das 1,5 °C-Ziel ausgerichtet. Der jüngste Berichtszyklus zeigte keine Verbesserungen bei der Ausrichtung der langfristigen Ziele der Unternehmen auf den 1,5 °C-Pfad (ClimateAction, 2024), was die anhaltende Kluft zwischen den erklärten Ambitionen und dem konkreten Fortschrittstempo unterstreicht.

Die Internationale Energieagentur (IEA) stellt in ihrem Bericht „Net Zero by 2050: A Roadmap for the Global Energy Sector“ (IEA, 2021) einen normativen Rahmen durch das Szenario „Net Zero Emissions by 2050″ vor. Dieser Fahrplan beschreibt einen umfassenden Weg für den globalen Energiesektor, um bis 2050 Netto-Null-CO_2-Emissionen zu erreichen. Sie betont den Einsatz eines vielfältigen Portfolios sauberer Energietechnologien, erhebliche Verbesserungen der Energieeffizienz, eine optimierte Ressourcennutzung und einen Wandel im verbraucherverhalten. Diese Maßnahmen sollen den steigenden Bedarf an Energie ausgleichen, der durch das globale Wirtschaftswachstum und den erweiterten Zugang zu Energie angetrieben wird.

Der Fahrplan der IEA für Netto-Null bis 2050 legt eine Reihe wichtiger Meilensteine fest, die zur Erreichung der globalen Klimaziele notwendig sind. Zunächst fordert er einen Stopp der Erschließung neuer Kohle-, Öl- oder Gasfelder und ein Ende des Ausbaus der Nutzung fossiler Brennstoffe. Darüber hinaus betont der Fahrplan, dass die Industrieländer vor den Schwellenländern Netto-Null-Emissionen erreichen sollen, um die Unterschiede in den historischen Emissionen und den Kapazitäten für den technologischen Wandel zu berücksichtigen. Bis 2030 muss der Einsatz von Wind- und Solarenergie im Vergleich zu 2020 vervierfacht werden. Darüber hinaus erfordert ein solches Szenario, dass die Investitionen in erneuerbare Energien erheblich steigen und bis 2030 fünf Billionen US-Dollar pro Jahr erreichen und erneuerbare Energien voraussichtlich fast 90 % der weltweiten Stromerzeugung liefern. Darin sind Solar- und Windenergie mit etwa 70 % der Gesamtleistung am bedeutendsten. Darüber hinaus sollen über 90 % der Schwerindustrie mit geringen Emissionen betrieben werden, und mehr als 85 % der Gebäude sollen CO_2-neutral sein, was die enormen Veränderungen verdeutlicht, die zur Erreichung des 1,5 °C-Klimaziels erforderlich sind (IEA, 2021).

Die Maßnahmen sind besonders wichtig in Sektoren, in denen Emissionsminderungen komplex sind, wie in der Schwerindustrie und der Luftfahrt. Darüber hinaus unterstreicht die IEA die Notwendigkeit eines gerechten und inklusiven Übergangs und betont, wie wichtig es ist, Entwicklungsländer durch Mechanismen wie Technologietransfer sowie politische Maßnahmen wie Steuergutschriften, Darlehen und gezielte Subventionen zu unterstützen, um eine gerechte Transformation zu ermöglichen (IEA, 2021).

3.2 Empirische Ergebnisse

3.2.1 Design der Interviews

Im folgenden Abschnitt wird beschrieben, wie einige der bekanntesten Institutionen für ESG-Engagements sich aktiv mit dem Thema Netto-Null-Transition befassen. Ausgewählt wurden Unternehmen und Institutionen mit besonderen Kenntnissen in der Öl- und Gasindustrie sowie dem Automobilsektor, insbesondere im Zusammenhang mit der Netto-Null-Transition.

Halbstrukturierte Interviews wurden anhand vordefinierter und gemeinsam mit den wichtigsten Stakeholdern abgestimmter Fragen durchgeführt. Alle Interviews wurden mit Zustimmung der Teilnehmer geführt, aufgezeichnet und automatisch transkribiert. Aus Datenschutzgründen werden die Namen der Teilnehmer vertraulich behandelt. Die Interviews werden mit einer Zufallszahl von «Interview 1 bis 8» bezeichnet. Die empirische Untersuchung stützt sich auf Interviews mit acht Organisationen, die sich sowohl in individuellen ESG-Engagements betätigen als auch in kollaborativen Engagements gemeinsam mit anderen Engagern zusammentun.[1]

- EOS by Federated Hermes
- Ethos – Schweizerische Stiftung für nachhaltige Entwicklung
- Glass, Lewis & Co.
- Inyova AG
- ISS Stoxx
- S&P Global Ratings
- ShareAction
- Morningstar Sustainalytics

EOS by Federated Hermes (EOS) EOS bietet Stewardship-Dienstleistungen an, die langfristige institutionelle Anleger in ihrer aktiven Eigentümerverantwortung unterstützen. Durch die Zusammenarbeit mit Unternehmen zielt EOS darauf ab, Anlegern, langfristig höhere Renditen und bessere Ergebnisse für die Gesellschaft und die Umwelt zu erzielen. EOS vertritt insbesondere institutionelle Kunden. Ein wesentliches Merkmal eines effektiven Engagements durch EOS ist die Betonung der Interaktion mit der Unternehmensleitung.

Ethos – Schweizerische Stiftung für nachhaltige Entwicklung (Ethos) Ethos hat ein umfassendes Angebot an Dienstleistungen für sozial verantwortliches Investieren entwickelt. Dazu gehören nachhaltige Investmentfonds und Aktien-

[1] Die hierin wiedergegebenen Meinungen und Ansichten stellen die persönliche Meinung der Autoren dar und geben nicht die offizielle Position der Unternehmen wieder. Die hierin enthaltenen Informationen und Daten sind kein Eigentum der Unternehmen oder ihrer Produkte/Dienstleistungen und stehen in keiner Verbindung zu diesen oder sind von diesen abgeleitet. Die Organisationen übernehmen keine Verantwortung für die Zuverlässigkeit, Vollständigkeit oder Richtigkeit der hierin enthaltenen Meinungen und geben keine Zusicherungen oder Gewährleistungen in Bezug auf die hierin enthaltenen Informationen ab. Weder die Unternehmen noch andere Beteiligte sind für Schäden oder Verluste verantwortlich, die sich aus der Verwendung dieser Informationen ergeben, da diese ausschließlich die Meinungen/Ansichten der Autoren widerspiegeln.

indizes sowie Initiativen, die es institutionellen Anlegern ermöglichen, ihre Aktionärsrechte auszuüben und die Unternehmen, an denen sie beteiligt sind, zu einer Verbesserung ihrer ESG-Praktiken anzuregen. Ethos versteht Engagement als aktiven Dialog mit Unternehmen, mit dem Ziel, langfristigen finanziellen und sozialen Wert zu schaffen. Derzeit umfasst der Schweizer Engagement-Pool 193 steuerbefreite Institutionen, hauptsächlich Pensionskassen, mit einem Vermögen von rund 410 Mrd. CHF, während der internationale Pool 122 Pensionskassen mit einem Vermögen von rund 330 Milliarden CHF umfasst.

Glass, Lewis & Co. (Glass Lewis) Glass Lewis wurde 2003 gegründet und hat sich als globaler Anbieter unabhängiger Research-Dienstleistungen im Bereich Corporate Governance etabliert. Das Unternehmen bietet datengestützte Einblicke sowie auf institutionelle Anleger zugeschnittene Lösungen für Stewardship und die Stimmrechtsvertretung an.

Inyova AG (Inyova) Inyova möchte Einzelpersonen dazu befähigen, aktive Impact-Investoren zu werden, damit sie ihre Investitionen mit ihren Einstellungen in Einklang bringen und eine sinnvolle Eigentümerschaft über die von ihnen unterstützten Unternehmen ausüben können. Durch die Förderung einer breiten Beteiligung von Investoren versucht das Unternehmen, das Verhalten von Unternehmen in Richtung nachhaltiger und verantwortungsvoller Praktiken zu verändern. Der Schwerpunkt von Inyova liegt auf Unternehmen, die fossile Brennstoffe verbrauchen oder die fossile Brennstoffwirtschaft indirekt unterstützen. Dazu gehören Automobilhersteller, Versorgungsunternehmen, Versicherungsgesellschaften und Finanzinstitute.

ISS Stoxx Institutional Shareholder Services (ISS) wurde 1985 gegründet und ist ein globaler Anbieter von Lösungen für Corporate Governance und verantwortungsbewusstes Investieren. Das Unternehmen, das mehrheitlich der Deutsche Börse Group und dem ISS-Management gehört, bietet Daten, Analysen, Marktinformationen und Beratungsdienstleistungen an, um institutionelle Anleger und Unternehmen bei ihrem langfristigen, nachhaltigen Wachstum zu unterstützen. ISS ist an 25 Standorten in 15 Ländern mit über 3200 Mitarbeitern tätig. Zu seinen Kunden zählen rund 4200 institutionelle Anleger und börsennotierte Unternehmen, die sich bei ihren Anlageentscheidungen und der Bewältigung von ESG- und Governance-Risiken im Rahmen ihrer Strategien zur Steigerung des Shareholder Value auf die unabhängigen Erkenntnisse von ISS stützen.

S&P Global Ratings S&P Global Ratings ist ein unabhängiger Anbieter von Kreditratings, Research und Analysen, der Investoren und anderen Marktteilnehmern Informationen, Ratings und Benchmarks zur Verfügung stellt. S&P Global Ratings fokussiert sich auf Kreditratings alszukunftsgerichtete Einschätzungen der Kreditwürdigkeit eines Emittenten, die von Marktteilnehmern weltweit genutzt werden. In den letzten Jahren hat S&P Global Ratings sein Engagement im Bereich Nachhaltigkeit ausgeweitet. S&P Global Ratings bezieht ESG-Faktoren in seinen Ratingprozess ein, wenn diese für die Kreditwürdigkeit von Bedeutung und ausreichend sichtbar sind.

ShareAction ShareAction verfolgt einen vielschichtigen Ansatz im Bereich ESG-Engagement. Dieser reicht von der Festlegung ambitionierter Standards für verantwortungsbewusstes Investieren bis hin zur Rechenschaftspflicht von Unternehmensvorständen und Führungskräften durch seine *AGM activism* Initiative. Die Organisation setzt sich außerdem für eine robuste Finanzregulierung sowohl im Vereinigten Königreich als auch in der EU ein, wobei der Schwerpunkt auf dem Schutz der langfristigen Interessen der Menschen und des Planeten liegt. Als eingetragene Wohltätigkeitsorganisation ist ShareAction auf Spenden angewiesen. Ein Großteil der finanziellen Unterstützung stammt aus gemeinnützigen Zuschüssen.

Morningstar Sustainalytics Morningstar Sustainalytics bietet institutionellen Anlegern und Unternehmen ESG-Research, Ratings und Daten an. Die Organisation entwickelt Tools, die Investoren dabei helfen sollen, ESG-bezogene Risiken und Chancen zu identifizieren und zu managen. Morningstar Sustainalytics arbeitet mit Vermögensinhabern und -verwaltern zusammen, um das ESG-Engagement mit Unternehmen entlang der gesamten Investitionswertschöpfungskette zu unterstützen. Das Engagement-Programm zielt darauf ab, den langfristigen Shareholder Value zu fördern, indem wesentliche ESG-Risiken und -Chancen angegangen werden. Durch seine Stewardship Services erleichtert Morningstar Sustainalytics das von Anlegern initiierte Engagement mit Emittenten, die erheblichen ESG-Risiken ausgesetzt sind.

In den folgenden Abschnitten werden die Aussagen der Befragten zu ihrer Mission und den Gründen für Stewardship und Engagement zusammengefasst (Interview 1–8).[2]

[2] Aus Gründen der Vertraulichkeit werden die Aussagen in diesem ersten Abschnitt nicht den Interviewpartnern zugeordnet.

3.2.2 Mission und Vision für Stewardship und Engagement

In gewisser Weise spiegelt Stewardship die Selbstregenerationsfähigkeit des Kapitalismus wider, da Vermögensinhaber die Verantwortung für ihr Eigentum wahrnehmen. Vermögensinhaber haben eine treuhänderische Pflicht, dafür zu sorgen, dass die Unternehmen ihre Verantwortung erfüllen. Die Verantwortung der Investoren bleibt, auch wenn die Investitionen von Vermögensverwaltern übernommen werden. Für viele Interviewpartner ist die Mission, Engagement-Dienstleistungen anzubieten, von der Kundennachfrage und der Verpflichtung gegenüber den Finanzakteuren getrieben. Kleinere Investoren und Pensionkassen lagern Engagement-Aktivitäten aufgrund begrenzter Kapazitäten häufig aus und schätzen die Unterstützung durch spezialisierte Engagement-Teams. Dieser Prozess wird durch die Nutzung von Erkenntnissen von Institutionen mit ESG-bezogenen Datenhubs weiter verstärkt.

Ein großer Teil der globalen Investoren, Vermögensverwalter und Eigentümer hat sich Initiativen wie der Net Zero Asset Manager Alliance oder der Net Zero Asset Owner Initiative angeschlossen. Diese Investoren haben sich zu einer langfristigen Dekarbonisierung verpflichtet. Sie erkennen, dass ein Nicht-Handeln beim Klimawandel ernsthafte finanzielle Risiken mit sich bringt. Engagement ist daher ein wichtiges Instrument, um Unternehmen zu Veränderungen zu bewegen und damit das eigene Investment zu schützen. Aus Sicht der Unternehmen ist der Zugang zu Kapital zunehmend davon abhängig, wie sie Klimaziele berücksichtigen. Dennoch hält die Debatte an – insbesondere auf den US-Märkten –, wo einige Investoren weiterhin kurzfristige Renditen priorisieren. Kurzfristiger Erfolg ist oft mit dem Einsatz fossiler Brennstoffe verbunden, während Engagement für den Klimaschutz sich erst langfristig auszahlt. Amerikanische Investoren ziehen sich auch aufgrund des politischen Zeitgeists aus Netto-Null-Initiativen vermehrt zurück.

Auf Makroebene werden Pensionsfonds und andere institutionelle Investoren aufgrund ihrer umfangreichen Beteiligungen an börsennotierten Unternehmen weltweit oft als «universelle Eigentümer» eingestuft. Diese Position schafft sowohl die Möglichkeit als auch den Anreiz, sich in einzelnen Unternehmen zu engagieren und sich dabei in der ganzen Wertschöpfungskette für Klimaschutz einzusetzen. Ein ganzheitlicher Ansatz, der auf die Risikominderung des gesamten Systems abzielt, kann Vorteile bringen. So entspricht beispielsweise die Minderung systemischer Risiken – wie beim Klimawandel – nicht nur den treuhänderischen Pflichten auf Ebene der einzelnen Unternehmen, sondern trägt auch zur Verringerung physischer und finanzieller Risiken in allen Portfoliobeständen bei.

In den Experteninterviews wurde betont, dass es zunehmend Belege dafür gibt, dass Unternehmen, die sich aktiv mit nichtfinanziellen Aspekten ihrer Geschäftstätigkeit befassen, tendenziell eine bessere Performance erzielen als ihre Konkurrenten, die sich weniger mit ESG und Nachhaltigkeit befassen. Auch wenn die finanziellen Vorteile eines solchen Engagements kurzfristig – über einen Zeitraum von ein bis zwei oder sogar bis zu fünf Jahren – nicht immer offensichtlich sind, zeigen langfristige Analysen eine positive Korrelation mit einer verbesserten finanziellen Performance. Diese Ausrichtung unterstützt die treuhänderischen Pflichten von Finanzinstituten und ihren Kunden und bekräftigt das Engagement für eine nachhaltige und verantwortungsvolle Vermögensverwaltung.

Wenn man nach dem Verständnis der Definition und Entwicklung von Stewardship und Engagement fragt, zusätzlich zu den Beschreibungen in Stewardship-Kodizes wie dem Swiss Stewardship Code, ergibt sich folgendes Bild: In den letzten zwei Jahrzehnten haben sich die Erwartungen an institutionelle Anleger erheblich weiterentwickelt. Während die Stimmrechtsvertretung früher als die Hauptaufgabe angesehen wurde, wird sie heute zunehmend nur als ein Bestandteil eines umfassenderen Stewardship-Prozesses betrachtet. Ein effektives Engagement bei Portfoliounternehmen spielt eine ergänzende Rolle neben bzw. gemeinsam mit den Abstimmungsaktivitäten. Die Aufgabe besteht darin, Kunden als aktive Eigentümer während des gesamten Stewardship-Zyklus zu unterstützen. Dazu gehört ein kontinuierlicher Dialog mit Unternehmen, insbesondere zu kritischen Fragen wie der Unternehmensführung und des Klimawandels (Interview 6).

Der Zusammenhang zwischen dem Abstimmungsverhalten von Anlegern und ihrem Engagement wird zunehmend anerkannt. So können Anleger z. B. ihre Abstimmungsgründe öffentlich bekannt geben, um die während des Engagements vermittelten Botschaften zu bekräftigen. Des Weiteren können sie Erkenntnisse aus ihren Engagements nutzen, um Abweichungen von ihrer eigentlichen praktizierten Abstimmungspolitik zu begründen. Betrachten wir ein Szenario, in dem ein Investor mit einem Unternehmen über dessen Klimastrategie im Dialog steht und diese derzeit als nicht ausreichend erachtet. Auf der Grundlage seiner Stewardship-Richtlinie und der verfügbaren Informationen könnte der Investor gegen den Vorsitzenden des Nachhaltigkeitsausschusses oder das Management stimmen. Wenn jedoch der laufende Dialog zeigt, dass das Unternehmen aktiv daran arbeitet, die Erwartungen der Investoren zu erfüllen – auch wenn es diese noch nicht vollständig erfüllt hat –, könnte der Investor zu dem Schluss kommen, dass eine fortgesetzte Unterstützung der konstruktivere Weg ist (Interview 3, 7, 8).

Dennoch sind Engagement-Ansätze sehr persönlich und variieren stark zwischen Unternehmen und Engagement-Managern. Unternehmen verfolgen unterschiedliche Strategien – einige erstellen detaillierte Berichte mit umfangreichen

Fragen, während andere sich auf Zusammenfassungen in Stichpunkten konzentrieren. Auch die Engagement-Stile unterscheiden sich: Einige Manager sind diplomatisch, andere eher konfrontativ, während wieder andere einen kooperativen Ansatz bevorzugen. Diese Vielfalt erschwert eine Standardisierung, was sich in umfassenden regulatorischen Rahmenwerken wie Stewardship Kodizes widerspiegelt, die allgemeine Grundsätze festlegen aber eine flexible Umsetzung erlauben. Darüber hinaus entsprechen die Erfahrungen mit ESG-Engagement oft nicht den naheliegenden Erwartungen. So reagieren Unternehmen in stark regulierten Märkten manchmal weniger positiv als erwartet, während Unternehmen in Schwellenländern möglicherweise offener und schneller auf Anfragen reagieren. Diese Unterschiede unterstreichen den individuellen Charakter des Engagements, der von der Unternehmenskultur, dem persönlichen Stil sowie regionalen und kulturellen Dynamiken geprägt ist (Interview 5).

Das Engagement geht nicht nur über reines Anschauen von Daten hinaus, sondern schafft auch einen Mehrwert sowohl für Emittenten als auch für Investoren. Emittenten erhalten Einblicke in die Perspektiven der Investoren, die in die strategische Geschäftsentwicklung einfließen können. Investoren gewinnen ein besseres Verständnis für die Unternehmenspraktiken und die Zukunftsplanung (Interview 4).

Dabei ist mehr erforderlich als der direkte Dialog zwischen Investoren und Unternehmen, in die investiert wird. Das Engagement umfasst ein breiteres Spektrum an Interaktionen, einschließlich der Zusammenarbeit mit wichtigen Interessengruppen wie NGOs und Expertenorganisationen, die sich auf Bereiche wie Klima, Arbeits- und Menschenrechte spezialisiert haben. Diese Interessengruppen liefern Erkenntnisse und werden häufig in Gespräche mit Unternehmen einbezogen, um die Wirksamkeit des Engagements zu erhöhen. Die Aktivitäten erstrecken sich ebenfalls auf politische Entscheidungsträger, insbesondere in Übergangsphasen wie dem Wandel zu einer kohlenstoffarmen Wirtschaft, in denen unterstützende regulatorische Rahmenbedingungen wichtig sind. Investoren arbeiten häufig mit politischen Entscheidungsträgern zusammen, um Regulierungen mitzugestalten, was die Notwendigkeit einer breiteren Definition des Engagements unterstreicht (Interview 3).

Die derzeitigen Anreizstrukturen in vielen Unternehmen sind überwiegend kurzfristig ausgerichtet, mit jährlichen Boni und vierteljährlichen Leistungsbewertungen. Diese kurzfristige Ausrichtung stellt eine Herausforderung für die langfristige Verantwortung dar. Ein Umdenken in Bezug auf Anreize ist unerlässlich, für viele Organisationen jedoch oft schwierig umzusetzen. Darüber hinaus sind die Erwartungen an unternehmerische Verantwortung weder innerhalb des NGO-Sektors noch unter den Investoren immer klar definiert. Ein wichtiger Aspekt von Stewardship ist die Definition greifbarer Ergebnisse. Im Zuge der Diskussionen besteht Bedarf an präziseren Zielen, die den langfristigen Wert und Nachhaltigkeit widerspiegeln und eine bessere Rechenschaftspflicht und Erfolgsmessung ermöglichen (Interview 1, 2). Es bedarf einer klareren Vision, um Stewardship mit seiner übergeordneten Mission in Einklang zu bringen: die Nutzung von Finanzdienstleistungen zum Wohle der Menschen und des Planeten (Interview 2).

3.2.3 Wichtige Indikatoren und Maßnahmen für das Engagement

In den folgenden Abschnitten werden die wichtigsten Faktoren untersucht, die für die Interviewpartner eine Rolle bei der Förderung von Engagement für die Netto-Null-Transition im Allgemeinen und in den Sektoren Öl und Gas sowie Automobil im Besonderen spielen. Dazu gehören:

- (Grüne) Investitionen
- Strategien zur Dekarbonisierung
- Kompetenz auf Vorstandsebene, Unabhängigkeit und Vergütung des Managements
- Best-in-Class- und Peer-Group-Vergleiche
- Lobbying-Aktivitäten
- Hohe Beteiligungen als einflussreicher Hebel
- Notwendigkeit regulatorischer Maßnahmen.

3.2.3.1 (Grüne) Investitionen

Einer der wichtigsten Indikatoren, der für die Transition zur Netto-Null hervorgehoben wird, ist die Ausrichtung der Investitionsausgaben (CapEx). Dabei wird bewertet, ob die Investitionspläne mit den erklärten Klimazielen übereinstimmen. Grüne Investitionsausgaben (Green CapEx) beziehen sich auf Investitionen zur Unterstützung umweltverträglicher Initiativen, insbesondere solcher, die Treibhausgasemissionen reduzieren und den Übergang zu kohlenstoffarmen Energiesystemen unterstützen. Im Öl- und Gassektor umfasst dies Ausgaben für erneuerbare Energien, Technologien zur Kohlenstoffabscheidung und Verbesserungen der Energieeffizienz. Der Anstieg der Green CapEx ist weitgehend auf die zunehmenden Forderungen von Stakeholdern – Regulierungsbehörden, Investoren und der Öffentlichkeit – nach transparenten, messbaren Maßnahmen gegen den Klimawandel zurückzuführen. Dieser Druck zwingt Unternehmen dazu, ihre Kapitalallokationsstrategien an den allgemeinen ESG-Erwartungen auszurichten.

Dies ist notwendig, um zu untersuchen ob die Produkte auch in einer zukünftigen Netto-Null Wirtschaft noch wettbewerbsfähig sind (Interviews 1 bis 8).

Der Schwerpunkt der Engagements im Bereich CapEx liegt hauptsächlich auf dem Anteil umsetzbarer grüner Investitionen und der Frage, ob die CapEx-Pläne mit einem 1,5 °C-Szenario vereinbar sind (Interview 7). Bei einer Bewertung der Auswirkungen einer auf Netto-Null ausgerichteten Wirtschaft auf ein Unternehmen lautet die grundlegende Frage: Wo liegen die heutigen Einnahmen eines Unternehmens und inwieweit hat es begonnen, sein Geschäftsmodell in Richtung umweltfreundlicherer Aktivitäten zu diversifizieren? Die Bewertung berücksichtigt aktuelle Einnahmequellen und Investitionsprogramme, wobei besonders darauf geachtet wird, ob ein Teil dieser Investitionen eindeutig als grün identifiziert werden kann. In Sektoren wie Öl und Gas oder Automobilbau stehen aufgrund der Kapitalintensität der Transformation in der Regel die Investitionen im Vordergrund (Interview 4, 5, 7, 8).

Um einen der Interviewpartner zu paraphrasieren: Man kann zwar viele vielversprechenden Bemühungen, Ideen und Innovationen im Markt erkennen, aber dann stellt sich die Frage: Woher kommt das Geld? Die Antwort ist oft ungewiss – vielleicht könnte sich in drei Jahren ein Projekt im Rahmen einer Investition konkretisieren. Doch die Art von Projekten, über die diskutiert wird, erfordert oft Milliarden an Finanzmitteln. Selbst wenn jemand das erforderliche Kapital sofort bereitstellen würde, stellt es immer noch ein enormes Unterfangen dar. Die Transformation ist nicht nur kapitalintensiv, sondern auch technisch komplex und zeitaufwendig. Ambitionen allein reichen nicht aus – schnell kommen reale Zwänge ins Spiel. Bewertet man die Bemühungen von Unternehmen in der Transformation, so hat eine sichtbare, finanzielle und strategisch sauber geplante Investition tendenziell das größte Gewicht (Interview 5).

Es ist eine Sache, Nachhaltigkeitsziele oder Übergangspläne anzukündigen, aber der Lackmustest besteht darin, ob Kapital tatsächlich zugewiesen wird. Dies könnte in Form von speziellen Finanzierungsstrukturen geschehen, wie Anleihen, grünen Investmentfonds oder Finanzierungsmechanismen, die an bestimmte Verschuldungsquoten gebunden sind. Die entscheidende Frage lautet: Gibt es ernsthafte finanzielle Zusagen zur Finanzierung dieser Ziele? Gibt es ein klares zeitliches Ziel, eine definierte Kostenstruktur und bereits gesichertes Kapital, um diese Kosten zu decken? Ohne diese finanzielle Grundlage laufen selbst gut formulierte Pläne Gefahr, nur Wunschvorstellungen zu bleiben (Interview 5, 7, 8).

Ein Problem bei der Bewertung einer Kapitalallokationsstrategie ist der Mangel an extern verfügbaren Daten darüber, wie ein Unternehmen seine Mittel genau einsetzen wird, um die von ihm gesetzten Ziele zu erreichen (Interview 3). Ein wichtiger Punkt betrifft die Auswahl der Technologien im Rahmen der Übergangspläne.

Tab. 3.1 Fokus auf Investitionsausgaben mit den wichtigsten Kriterien, Merkmalen und Maßnahmen

Thema	Kriterien	Merkmale und Maßnahmen
Investitionsausgaben	Erneuerbare Energien und grüne Technologien	Anteil an den Gesamt- und erwarteten Einnahmen
		Technologieauswahl
		Kostenstruktur mit zugewiesenem Kapital
		Umsetzbarkeit
	1,5°C-konformes Produktportfolio	Klare und transparente Szenarien mit skizzierten Umsatzpotenzialen
	Diversifizierung des Geschäftsmodells	Im Einklang mit Klimazielen und Strategie
	F&E-Ausgaben	

Es ist unerlässlich, die Technologien, die zur Emissionsreduzierung beitragen, klar zu benennen, und dabei auch zu beschreiben, wie sie zur Erreichung der Klimaziele beitragen. Eine solche Transparenz macht oft deutliche Unterschiede in den strategischen Ansätzen und der Wirksamkeit im gesamten Engagementprozess mit Unternehmen deutlich (Interview 8). Darüber hinaus sind die Ausgaben für Forschung und Entwicklung (F&E) ein weiteres wichtiges Signal, insbesondere bei der Bewertung von Technologien, die sich noch in einem frühen Stadium befinden oder noch nicht kommerziell rentabel sind (Interview 4, 6). In solchen Fällen geht es bei der Bewertung weniger um die Verfolgung spezifischer Indikatoren oder standardisierter Berichte als vielmehr um die Interpretation der Investitionsrichtung und der strategischen Absichten (Interview 4, 5). Tabelle 3.1 fasst die Erkenntnisse aus den Interviews zu grünen Investitionen zusammen (Tab. 3.1).

3.2.3.2 Strategien zur Dekarbonisierung

Beim ESG-Engagement zur Förderung der Dekarbonisierung spielen weitere Aspekte eine entscheidende Rolle, z. B. Zeitrahmen und Umfang des Engagements, Kategorien von Scope-3-Emissionen, die Rollen sowohl der Unternehmen als auch der Lieferanten hinsichtlich der Dekarbonisierungsstrategien sowie wichtige Punkte im Zusammenhang mit dem Reporting.

Richtlinien, Zeitrahmen und Umfang der Dekarbonisierung Die Festlegung von Emissionsreduktionszielen, die Vorlage eines Übergangsplans, der diese Ziele in konkrete Maßnahmen umsetzt, und der Nachweis, dass das Kerngeschäft seine Risikoexposition und seinen Erfolg in der Transition verbessert, sind entscheidende Schritte, um den Nutzen für die Aktionäre zu zeigen (Interview 5). Der Prozess beginnt mit der Erwartung, dass ein Unternehmen eine klare Richtlinie mit spezifischen Schlüsselelementen festlegt, die als wesentlich auf dem Weg zu Netto-Null identifiziert wurden. Die Veröffentlichung dieser Richtlinie gilt als erster Meilenstein, wobei für Formulierung und Verabschiedung einer solchen Richtlinie oftmals zwei Jahre vergehen. Die nächste Phase konzentriert sich auf die Umsetzung. Diese Phase kann weitere zwei bis drei Jahre in Anspruch nehmen. Erst nach dieser Zeitspanne lassen sich Fortschritte im Engagement tatsächlich messen (Interview 7).

Für mittelfristige Klimaziele sind mehrere Kennzahlen (KPIs) erforderlich: Festlegung eines klaren mittelfristigen Ziels, das mindestens 90 % der Scope-1- und Scope-2-Emissionen abdeckt, einschließlich der wichtigsten Scope-3-Kategorien (entweder als Teil des Hauptziels oder separat), und Sicherstellung einer Validierung durch Dritte im Einklang mit dem 1,5 °C-Ziel. Die Science Based Targets Initiative (SBTi) gilt hier als zuverlässiger Validierer. Bei den langfristigen Zielen liegt der Schwerpunkt weiterhin auf der Abdeckung von Scope 3, obwohl eine Validierung durch SBTi nicht obligatorisch ist und viele globale Netto-Null-Verpflichtungen keine umfassende Einbeziehung von Scope 3 vorsehen. Obwohl viele Unternehmen solche Ziele festgelegt haben, gibt es oft Herausforderungen in Bezug auf Transparenz und Ambition. Einige Unternehmen, insbesondere in den USA und Kanada, verzögern die Offenlegung von Scope 3 unter Berufung auf noch ausstehende Regeln vonseiten der Börsenaufsicht. Dabei sind eine effektive Datenerfassung, und -prüfung sowie das Verständnis der Scope-3-Kategorien wichtige erste Schritte für eine Dekarbonisierungsstrategie (Interview 5, 7).

Unternehmensintern ist es ebenfalls wichtig, sicherzustellen, dass die Ziele eines Unternehmens die wesentlichen Scope-3-Kategorien abdecken. In einigen Fällen definieren Unternehmen zwar Scope-3-Ziele. Deren Relevanz ist jedoch begrenzt, wenn sie nicht die Kategorien mit den größten Auswirkungen umfassen, wie beispielsweise die Kategorie 11 (Verwendung verkaufter Produkte). Darüber hinaus können die wesentlichen Scope-3-Kategorien je nach Branche erheblich variieren, was die Zielsetzung und -bewertung zusätzlich erschwert. Dies unterstreicht die Notwendigkeit branchenspezifischer Bewertungen, um umfassende und wirkungsvolle Strategien zur Emissionsreduzierung zu gewährleisten (Interview 7).

Angenommen, ein Unternehmen möchte seine Bemühungen zur Reduktion von Treibhausgasen demonstrieren, so ist es manchmal sinnvoller, die Einführung einer Treibhausgasmessung und -überprüfung in den Reduktionsplan aufzunehmen, anstatt auf einer vollständigen wissenschaftlichen Netto-Null-Ausrichtung, zu bestehen. So ist es in der Regel einfacher und unkomplizierter, ein Öl- und Gasunternehmen zur Umsetzung einer grundlegenden Treibhausgasverfolgung und -überprüfung aufzufordern, als die Einhaltung komplexer Standards wie SBTi zu verlangen (Interview 5).

Ein wichtiger Aspekt für die Bewertung des Netto-Null Plans ist die Beurteilung des Zeitrahmens für glaubwürdige Maßnahmen. Unternehmen können zwar langfristige Netto-Null-Ziele für 2050 oder darüber hinaus festlegen, doch um sinnvolle Fortschritte zu gewährleisten, ist es unerlässlich, detaillierte und umsetzbare Meilensteine für das kommende Jahrzehnt zu formulieren. Die Konzentration auf diesen näheren Zeitraum hilft dabei, festzustellen, ob das Unternehmen sich tatsächlich in Richtung eines nachhaltigeren Geschäftsmodells bewegt. Die Verwendung einer strukturierten Skala, die den Grad des Übergangs von einer hohen Kohlenstoffintensität zu einer stärkeren Ausrichtung auf nachhaltige Praktiken misst, hilft bei der Bewertung der Fortschritte. Das Ziel besteht darin, zu verfolgen, wie effektiv das Unternehmen auf dieser Skala vorankommt, während es seinen Transitionsplan umsetzt (Interview 4). Die langfristigen Ergebnisse werden über einen Zeitraum von 10 bis 20 Jahren betrachtet, in Übereinstimmung mit den globalen Klimazielen zur Einhaltung der 1,5 °C-Grenze bis 2050. Dies ist sinnvoller als mit kurzfristigen Meilensteinen wie 2025 oder 2030 zu arbeiten (Interview 7). Dennoch scheinen Unternehmen oft unsicher bei bestimmten Reportings zu sein. Mittelfristig legen sie relevante Informationen offen, die allen Stakeholdern, einschließlich Investoren, nutzen. Obwohl Jahresberichte umfangreich sind, in der Regel 200 bis 300 Seiten stark und zahlreiche Teams an der Ausarbeitung beteiligt sind, haben sie dennoch ihre Grenzen. Wenn Unternehmen zur Transparenz bei bestimmten Offenlegungen aufgefordert werden, benötigen sie möglicherweise Zeit, um diese in ihr Berichtswesen zu integrieren. Während des Dialogs ist es wichtig zu verstehen, welche Offenlegungen als Low Hanging Fruits gelten und welche eine komplexere Analyse erfordern (Interview 5).

Die Bewertung von Dekarbonisierungsstrategien erfolgt häufig anhand zweier zentraler Key Performance Indicators (KPIs): Zum einen werden die qualitativen Aspekte der Strategie analysiert – etwa die Zielklarheit, Konsistenz und Integration in übergeordnete Nachhaltigkeitsziele. Zum anderen spielen quantitative Faktoren eine entscheidende Rolle, darunter Kapitalinvestitionen, Ausgaben für Forschung und Entwicklung sowie branchenspezifische Zielgrößen, wie etwa der Energiemix in der Öl- und Gasindustrie oder die Produktionszahlen von Elektrofahrzeugen im Automobilsektor. Diese KPIs stellen sicher, dass die Klimaschutzverpflichtungen sowohl ambitioniert als auch transparent sind (Interview 6).

Ein häufig diskutiertes Problem ist das Dilemma zwischen Desinvestition und Engagement. In der Vergangenheit gab es eine starke Unterstützung für Engagement, doch diese Sichtweise hat sich weiterentwickelt. Heute müssen Investoren beurteilen, welche Unternehmen die Klimaziele für 2050 wahrscheinlich erreichen werden. Die Transition Pathway Initiative (TPI) wird oft für ihre detaillierten, wissenschaftlich fundierten Bewertungen gelobt, die unabhängig vom Finanzdienstleistungssektor sind. Dieser Ansatz hilft Investoren zu beurteilen, ob der Zeitrahmen für den Übergang eine Fortsetzung von Investitionen rechtfertigt oder ob eine Desinvestition, beispielsweise von Öl- und Gas-Infrastruktur, die bessere Alternative ist (Interview 2).

Die Rolle der Engager in Dekarbonisierungsstrategien Für die Engager selbst stellt es eine große Herausforderung dar, bei der Konzeption ihres Engagements, Übergangsindikatoren für die Transition zu Netto-Null im Voraus zu berechnen. In ihren Engagements wird deutlich, dass die Organisation und deren Prozesse, die Erhebung zuverlässiger Daten, die Schaffung von Vertrauen in diese Daten und des Verständnisses der notwendigen Maßnahmen zur Emissionsreduzierung sowohl komplex als auch zeitaufwendig ist. Aus diesem Grund wird ein Zweijahreszyklus als zu kurz angesehen, um den Fortschritt der Unternehmen effektiv zu bewerten, vor allem wenn die Bewertungen ausschließlich auf öffentlich zugänglichen Informationen basieren. Häufig berichten Unternehmen am Jahresende über Verbesserungen, doch diese Aktualisierungen erscheinen erst Mitte des Folgejahres in den Nachhaltigkeitsberichten, was zu Lücken in der Bewertung führt. Da Klimaschutzmaßnahmen von Natur aus langfristig sind, ist ein längerer Bewertungszyklus (mindestens drei Jahre) besser geeignet, um Fortschritte zu verfolgen (Interview 1, 6, 7, 8).

Die Bewertung beurteilt den Zeitplan und die Glaubwürdigkeit des Übergangsplans eines Emittenten und konzentriert sich dabei darauf, ob bedeutende Fortschritte in Richtung Nachhaltigkeit erzielt werden. Es werden jährliche Überprüfungen durchgeführt, und das Engagement kann nach drei Jahren fortgesetzt werden, wenn weitere Verbesserungen erforderlich sind. Dieser flexible, iterative Ansatz ermöglicht eine Bewertung der Ziele auf der Grundlage der Unternehmensentwicklungen und eines kontinuierlichen Dialogs (Interview 3, 4).

Die Rolle der Lieferanten in Dekarbonisierungsstrategien Lieferanten sind für einen erheblichen Teil der Emissionen eines Unternehmens verantwortlich. In der Regel haben Unternehmen eine große Anzahl von Lieferanten – in Extremfällen sogar an die fünfzig- oder sechzigtausend. Darunter befinden sich Tier-1- und Schlüssel-Lieferanten, die wesentliche Elemente der Lieferkette abdecken. Viele Unternehmen haben jedoch keinen Einblick in die Treibhausgasemissionen ihrer Lieferanten, wobei einige diese Informationen auch nicht aktiv einfordern. Wenn bestimmte Lieferanten ihre Emissionen melden, geschieht dies oft eher zufällig als systematisch, vor allem weil die Überwachung der Emissionen entlang der Lieferkette als komplex empfunden wird. Ein möglicher Ansatz besteht darin, Lieferanten in Regionen wie der EU, den USA oder Kanada – Märkten mit relativ strengen Umweltvorschriften – zu identifizieren und diese Lieferanten zur Offenlegung ihrer Emissionen zu ermutigen. Da die rechtlichen Rahmenbedingungen in diesen Regionen bereits eine Emissionserfassung vorschreiben, ist es möglich, solche Daten im Rahmen der Lieferantenbindung anzufordern.

Darüber hinaus können Unternehmen dazu ermutigt werden, in Programme zu investieren, um die Emissionsüberwachung bei ihren Lieferanten aufzubauen. Diese Strategie wurde bereits in Branchen wie der Öl- und Gasindustrie umgesetzt, wo Unternehmen Lieferanten in Regionen des globalen Südens dabei unterstützt haben, ihr Verständnis und ihr Management von Emissionen zu verbessern. Das übergeordnete Ziel besteht darin, Scope-3-Emissionen in überschaubare Segmente zu unterteilen und über einen Zeitraum von drei bis vier Jahren mit den Lieferanten zusammenzuarbeiten, um die Berichterstattung und die Managementpraktiken zu verbessern. Im fünften Jahr könnten die Unternehmen dann bereit sein, umfassende Angaben zu Scope-3-Emissionen zu verlangen, nachdem sie die dafür erforderlichen Infrastrukturen und Beziehungen aufgebaut haben (Interview 2, 5).

Transparenz als Katalysator für die Dekarbonisierung Beim Reporting liegt der Schwerpunkt auf der Bewertung dessen, was Unternehmen derzeit berichten. Dazu gehört die Bewertung, ob sie etablierte Rahmenwerke wie SBTi für die Zielsetzung oder IFRS/ISSB-Standards für das Reporting anwenden. Obwohl einige Rahmenwerke, wie SBTi für bestimmte Sektoren wie Öl und Gas, noch nicht verfügbar sind, berücksichtigt die Bewertung dennoch die Qualität und Vollständigkeit der offengelegten Ziele. Darüber hinaus zielt ein neuer Schwerpunkt bei Lösungen zum Schutz des Klimas darauf ab, die Verfügbarkeit umfassender Klimadaten zu erweitern, um eine bessere Analyse und Entscheidungsfindung zu unterstützen (Interview 3).

Viele Unternehmen neigen dazu, zu lange am Status quo festzuhalten, was zu einer unzureichenden Berücksichtigung von Zukunftsrisiken führt. Um dem entgegenzuwirken, sind sektorspezifische Transformationspläne erforderlich, die klare Leitlinien vorgeben und eine stärkere Zusammenarbeit im Hinblick auf eine nachhaltige Transformation fördern (Interview 1). Viele Probleme sind auf mangelndes Reporting zurückzuführen, das wiederum auf unzureichende Regulierung und unklare Definitionen zurückzuführen ist (Interview 6). Das Hauptziel der Verpflichtung zu Netto-Null ist die Verbesserung des Reportings, um Investoren bei fundierten Entscheidungen zu unterstützen und gleichzeitig nachhaltige Geschäftspraktiken zu fördern. Manchmal besteht das Problem darin, dass Unternehmen in ihrem Nachhaltigkeitsbericht geringfügige Erfolge hervorheben, wie beispielsweise grüne Anleihen, die nur einen kleinen Teil der Gesamtinvestitionen ausmachen und dennoch auf der ersten Seite des Berichts als große Errungenschaft präsentiert werden. Wenn Unternehmen nach den Gründen für diese Darstellung und der Gefahr eines Greenwashing gefragt werden, erwarten Investoren, dass sie die Bedenken anerkennen und Zusagen leisten, dass sie in zukünftigen Berichten eine ausgewogenere Darstellung und Einschätzung der Situation vornehmen (Interview 1) (Tab. 3.2).

3.2.3.3 Fachkompetenz, Unabhängigkeit und Vergütung auf Vorstands- und Aufsichtsratsebene

Die meisten Stewardship-Praktiken konzentrieren sich auf Maßnahmen, an denen in erster Linie Personen in Führungspositionen beteiligt sind, insbesondere auf Vorstands- und Geschäftsleitungsebene.

Der von der Führung – insbesondere vom CEO, dem übrigen Vorstand und dem Aufsichtsrat – vorgegebene Ton ist entscheidend für die Umsetzung wirksamer Klimastrategien. Für Investoren ist es jedoch schwierig, Einfluss nehmen zu können. Ein Bereich, in dem dies möglich ist, ist die Unabhängigkeit der Aufsichtsräte. Wenn sichergestellt ist, dass mindestens die Mehrheit der Aufsichtsratsmitglieder unabhängig ist, ermöglicht dies eine effektivere Aufsicht über das Management. Darüber hinaus wird die Kontrolle gestärkt und Interessenkonflikte reduziert, wenn mindestens die Hälfte des Ausschusses unabhängig ist (Interview 8).

Darüber hinaus kann die Aufnahme klimabewusster Personen im Aufsichtsrat dazu beitragen, die Unternehmensführung stärker an Nachhaltigkeitszielen auszurichten. Die Kontrolle durch den Aufsichtsrat stellt ein zentrales Element der Corporate Governance dar. Bei der Bewertung der Klimastrategien von Unternehmen wird gezielt nach Nachweisen gesucht, die belegen, dass der Aufsichtsrat die Umsetzung der Dekarbonisierungspläne aktiv überwacht, fördert und absichert. Solche Belege können unter anderem in Form von Stellungnahmen des Vorstands, Berichtspflichten oder auch durch die fachliche Qualifikation der Aufsichtsratsmitglieder – etwa ersichtlich aus deren Lebensläufen – erbracht werden.

Zusätzlich werden jene Faktoren analysiert, die die Umsetzung klimapolitischer Maßnahmen entweder begünstigen oder hemmen. Dies spielt insbesondere in Sektoren eine entscheidende Rolle, in denen bestehende Infrastrukturen – etwa Anlagen zur Nutzung fossiler Energieträger – stillgelegt und durch umweltfreundlichere Alternativen ersetzt werden müssen (Interview 4).

Tab. 3.2 Fokus auf Dekarbonisierungsstrategien mit den wichtigsten Kriterien, Merkmalen und Maßnahmen

Thema	Kriterien	Merkmale und Maßnahmen
Strategien zur Dekarbonisierung	Dekarbonisierungsrichtlinie	Umsetzung und Verabschiedung
	Übergangspläne	Finanzierungsstruktur und realistische Ziele
	Lieferantenbewertung	Emissionsüberwachung und Reporting von Scope 3
	Verbessertes Risikomanagement	Verbindung von ERM mit Nachhaltigkeitsrisiken und -chancen
	Kurzfristige Ziele (2025–2030)	Anreize und Nachhaltigkeits--Governance
		Messung der Treibhausgasreduktion
		Fortschrittsberichte
	Mittelfristige Ziele (2030–2040)	Die mittelfristigen Ziele umfassen mindestens 90 % der Scope-1- und Scope-2-Emissionen sowie wichtige Scope-3-Kategorien.
		Unabhängige Validierung der Übereinstimmung mit dem 1,5 °C-Ziel (z. B. durch SBTi--Validierung)
		Fortschrittsberichte
	Langfristige Ziele (2040–2050)	Scope 3-Abdeckung einschließlich wirkungsvoller Kategorien

Es ist unerlässlich, die Perspektiven innerhalb der Unternehmensführung zu verstehen – zu erkennen, wer visionäre, zukunftsorientierte Ansichten vertritt und wer eher traditionell denkt. Zu erkennen, wo die progressiven Stimmen zu finden sind, kann den Erfolg von Transitionsstrategien und der langfristigen Nachhaltigkeitsplanung erheblich beeinflussen. Diese Erkenntnisse helfen Investoren, Führungsdynamiken zu identifizieren, die klimabezogene Initiativen entweder vorantreiben oder behindern können (Interview 1, 5, 8). Auf Ebene des Aufsichtsrats ist es wichtig zu beurteilen, ob das Kontrollgremium die Risiken der Energiewende berücksichtigt und über die Kompetenz verfügt, diese effektiv zu bewerten. Die Erfahrung zeigt jedoch, dass solche Erwartungen oft auf Widerstand seitens des Managements stoßen, da drastische Maßnahmen auf kurze Sicht möglicherweise nicht mit den unmittelbaren Management- und Finanzinteressen vereinbar sind (Interview 7).

Ein entscheidender Aspekt ist die Kopplung der Vergütung von Führungskräften an Emissionsreduktionsziele, um sicherzustellen, dass Leistungsanreize direkt an

Tab. 3.3 Fokus auf Aufsichtsrat und Management mit den wichtigsten Kriterien, Merkmalen und Maßnahmen

Thema	Kriterien	Merkmale und Maßnahmen
Vorstand	Klimabewusstsein	Erklärungen und Lebenslauf
	Unabhängigkeit des Aufsichtsrats	Unabhängige Mehrheit der Aufsichtsräte
	Überwachung der Transitionspläne	Kompetenz und Kapazität
Management	Tone from the top	Visionäre, zukunftsorientierte Ansichten
	Vergütung	Verbunden mit Emissionsreduktionszielen (Scope 1–3)

messbare Fortschritte geknüpft sind. Wichtig ist, dass diese Reduktionen die Emissionen der Bereiche Scope 1, Scope 2 und Scope 3 umfassen, einschließlich indirekter Emissionen entlang der gesamten Wertschöpfungskette (Interview 8) (Tab. 3.3).

3.2.3.4 Best-in-Class- und Peer-Group-Vergleiche

Best-in-Class- und Peer-Group-Vergleiche sind der Schlüssel zu einem effektiven Engagement in verschiedenen Sektoren, da sie Unternehmen dazu ermutigen, sich an Branchenstandards auszurichten, indem sie die Klimaziele und Nachhaltigkeitsinvestitionen ihrer Mitbewerber beobachten. Best-in-Class-Vergleiche erweisen sich als besonders wirksam, um auch solche Unternehmen zu motivieren, die bislang zögern, konkrete Maßnahmen zur Dekarbonisierung umzusetzen. Durch den Vergleich mit Branchenführern erhalten sie praxisnahe Orientierungshilfen und realistische Beispiele erfolgreicher Nachhaltigkeitsstrategien, die als Impulsgeber dienen können. Dieser Benchmarking-Ansatz wirkt nicht nur durch den direkten Austausch mit fortschrittlichen Unternehmen, sondern entfaltet auch eine indirekte Hebelwirkung: Unternehmen werden zunehmend dazu angeregt, ihre Lieferketten aktiv in die Dekarbonisierungsstrategie einzubeziehen. Auf diese Weise wird die Transformation entlang der gesamten Wertschöpfungskette gefördert und der sektorweite Wandel beschleunigt. Dieser ganzheitliche Ansatz kann Fortschritte hinsichtlich Netto-Null unterstützen (Interview 6).

Die Peer-Group-Analyse ist ein zentrales Element der Zusammenarbeit, insbesondere für die Bewertung der Fortschritte in einem Sektor. Diese Vergleiche umfassen auch Finanzindikatoren wie Aktienkursentwicklung und Umsatztrends und bieten einen Überblick über die Wettbewerbsposition eines Unternehmens (Interview 1). Der Vergleich mit anderen Unternehmen ist in jeder Branche wirkungsvoll, weil er bewährte Verfahren und Belege für deren Machbarkeit liefert. Wenn

Unternehmen aufgefordert werden, neue Nachhaltigkeitsmaßnahmen umzusetzen oder ihr Reporting zu verbessern, reagieren sie oft mit der Bitte um Beispiele von anderen Unternehmen, die dies erfolgreich umgesetzt haben. Solche Beispiele lassen die vorgeschlagenen Maßnahmen erreichbarer erscheinen und verringern Widerstände. Wenn ein Unternehmen behauptet, dass eine bestimmte Maßnahme nicht durchführbar ist, stellt der Nachweis, dass andere Unternehmen der Branche dies bereits erreicht haben, den Widerstand in Frage und veranlasst zu einer erneuten Überprüfung. Vergleiche mit Wettbewerbern sind nicht nur wirkungsvoll, um konkrete Maßnahmen aufzuzeigen, sondern auch, um den Grad der Transparenz hervorzuheben. Durch die Bereitstellung von Daten darüber, was ähnliche Unternehmen berichten und erreichen, wird deutlich, wo Lücken bestehen und wo Verbesserungen möglich sind, was die Argumente für Veränderungen stärkt (Interview 3).

Es bestehen jedoch auch Gefahren bei einem Best-in-Class Ansatz. Wird die Strategie eines einzelnen Unternehmens zum allgemeinen Maßstab erhoben, besteht die Gefahr, dass kontextspezifische Rahmenbedingungen unzureichend berücksichtigt werden. Dies kann zur Folge haben, dass unrealistische Zielvorgaben formuliert und lokale Herausforderungen übersehen werden. Best-in-Class-Modelle sollten daher nicht als starre Blaupausen verstanden werden, sondern vielmehr als dynamische Referenzpunkte, die Orientierung bieten, ohne Vielfalt und Differenzierung zu unterdrücken. Ihr eigentlicher Wert liegt darin, Anpassung und Innovation in unterschiedlichen Unternehmens- und Branchenkontexten zu fördern, anstatt ein einheitliches Nachhaltigkeitsmodell vorzugeben (Interview 7, 8). Wichtig ist die Auswahl geeigneter Vergleichsgruppen, da sonst branchen- oder unternehmensspezifische Herausforderungen übersehen werden können, wenn Benchmarks schlecht gewählt sind (Interview 1) (Tab. 3.4).

3.2.3.5 Beteiligungshöhe

Unternehmen rechtfertigen ihre Passivität oft mit dem Hinweis auf den Widerstand großer Aktionäre oder mit der Behauptung, dass die Mehrheit der Anteilseigner Maßnahmen nicht unterstützt. Unternehmensvertreter neigen dazu, die Positionen großer Aktionäre als wesentlich für ihre Entscheidungen zu benennen, was deren erheblichen Einfluss widerspiegelt (Interview 1). Infolgedessen widersetzen sich einige Unternehmen möglicherweise externem Druck mit dem Argument, dass Aktionäre, die weniger als z. B. 5 % ihrer Aktien halten, nicht über genügend Einfluss verfügen, um strategische Veränderungen voranzutreiben. Diese Haltung unterstreicht die Bedeutung der Höhe des Aktienbesitzes für die Beeinflussung von Unternehmensentscheidungen (Interview 5).

Tab. 3.4 Fokus auf Best-in-Class- und Peer-Group-Vergleiche mit den wichtigsten Kriterien, Merkmalen und Messgrößen

Thema	Kriterien	Merkmale und Maßnahmen
Best-in-Class- und Peer-Group--Vergleiche	Klimaziele	Machbarkeit und Transparenz
	Nachhaltigkeitsinvestitionen	Bewährte Verfahren
	Umsatzentwicklung	Fortschritte

Daher kann koordinierter Druck von mehreren Investoren, die sich auf ein Thema konzentrieren, bei Unternehmen, die die Transformation zu Netto-Null noch nicht vorantreiben, sehr wirkungsvoll sein. Dieser kollektive Druck erhöht die Dringlichkeit von Veränderungen, da Unternehmen mit gleichen Forderungen verschiedener Stakeholder konfrontiert sind. Es wird dadurch schwieriger, Nachhaltigkeitsbelange zu ignorieren (Interview 3).

3.2.3.6 Lobbying-Aktivitäten

Lobbying gilt als ein wichtiger Schwerpunkt bei der Beeinflussung von Unternehmen auf ihrem Weg zu Netto-Null. Im Zusammenhang mit dem Klimawandel richtet sich die Aufmerksamkeit sowohl auf die Lobbying-Aktivitäten des Unternehmens selbst als auch auf die seiner Branchenverbände. Ein wichtiger Aspekt ist die Feststellung, ob diese Lobbying-Bemühungen mit den Zielen des Pariser Abkommens übereinstimmen oder nicht (Interview 1, 7, 8).

Das Lobbying-Register der Organisation InfluenceMap[3] gilt als zentrale Referenzquelle zur Bewertung der klimapolitischen Einflussnahme von Unternehmen. Es ermöglicht eine differenzierte Analyse, ob die politischen Lobbying-Aktivitäten eines Unternehmens im Einklang mit seinen öffentlich kommunizierten Klimazielen stehen oder diesen möglicherweise widersprechen. Solche Widersprüche können die Glaubwürdigkeit unternehmerischer Nachhaltigkeitsverpflichtungen erheblich beeinträchtigen und werfen grundlegende Fragen zur Integrität der jeweiligen Dekarbonisierungsstrategie auf. Die Identifikation und Bewertung dieser Diskrepanzen stellt daher einen wesentlichen Bestandteil der Beurteilung von Klimastrategien dar, insbesondere im Hinblick auf Transparenz, Verantwortlichkeit und konsistentes Handeln.

[3] https://influencemap.org/

3.2.3.7 Regulatorische Impulse

Ein Haupttreiber für ehrgeizige Nachhaltigkeitsziele wird auf der politischen Ebene gesehen, wobei regulatorische Signale eine entscheidende Rolle bei der Beschleunigung der Transition spielen. Ein Hauptgrund für Unternehmen, nachhaltig zu wirtschaften, sind oft neue bzw. bestehende Vorschriften. Internationaler Vorreiter bei der Regulierung ist häufig die EU. Regulatorische Anforderungen haben erhebliche Auswirkungen auf Nachhaltigkeitsstrategien und das zukünftige Wachstum von Unternehmen und zwingen sie dazu, sich an politischen Erwartungen auszurichten. Klare und stabile Vorschriften geben Unternehmen das Vertrauen, strategisch zu investieren, sodass das Befolgen von Vorschriften nicht nur eine gesetzliche Verpflichtung, sondern eine geschäftliche Notwendigkeit ist (Interview 6).

Während lange Zeit die Erwartung vorherrschte, dass der private Sektor und technologischer Fortschritt die Nachhaltigkeitswende maßgeblich und eigenständig vorantreiben würden, rückt zunehmend die Rolle staatlicher Regulierungsinstanzen in den Vordergrund. Der Gesetzgeber gewinnt an Bedeutung – nicht nur als Rahmengeber, sondern als aktiver Treiber der Transformation durch verbindliche Vorgaben, Anreizmechanismen und Überwachung von Zielerreichung. Es hat sich gezeigt, dass klare politische Signale unerlässlich sind, insbesondere in Bereichen wie Sorgfaltspflichten in der Lieferkette. Interessanterweise ist die Beziehung zwischen Politik und Unternehmenshandeln oft zyklisch. In einigen Fällen haben ambitionierte Nachhaltigkeitsinitiativen von Pionierunternehmen die Erreichbarkeit ehrgeiziger Zielsetzungen bewiesen und damit die Politik zu ehrgeizigen Regeln ermuntert. Diese Dynamik schafft einen sich gegenseitig verstärkenden Kreislauf, in dem die Führungsrolle von Unternehmen regulatorische Maßnahmen inspiriert, die wiederum eine breitere Einhaltung der Vorschriften in der Industrie vorantreiben (Interview 8).

Der regulatorische Druck unterscheidet sich zwischen der EU und den USA erheblich. In Europa treiben Richtlinien und politische Maßnahmen aus Brüssel Nachhaltigkeitsinitiativen in allen Branchen voran und schaffen so einen einheitlichen Druck zur Einhaltung von Vorschriften und damit zu nachhaltigem Handeln. Im Gegensatz dazu fehlen in den USA vergleichbare Vorschriften, was zu einem geringeren regulatorischen Druck und fragmentierten Bemühungen (abhängig von der Regulierung in einzelnen Bundesstaaten) führt (Interview 5).

Es geht dabei nicht nur um Regulierungen zu Berichterstattung und Transparenz. Eine wirksame Dekarbonisierung beruht auf sektorspezifischen Transformationsplänen. Industriepolitische Maßnahmen, die Anreize für eine veränderte Nachfrage schaffen, sind sehr wichtig. Diese gezielten Strategien fördern Innova-

Tab. 3.5 Fokus auf regulatorische Vorgaben mit den wichtigsten Kriterien, Merkmalen und Maßnahmen

Thema	Kriterien	Merkmale und Maßnahmen
Regulatorischer Druck	Reportingverpflichtungen	Reporting von Nachhaltigkeitsinformationen und konformen Praktiken
	Industriepolitik	Anreize für Veränderungen

tion und nachhaltige Praktiken innerhalb der Branche und unterstützen den langfristigen Übergang zu einer kohlenstoffarmen Wirtschaft (Interview 4).

Für Stewardship Manager sollte das Engagement nicht erst in der Konsultationsphase im Gesetzgebungsprozess beginnen, sondern bereits zu Beginn der Politikentwicklung. Eine frühzeitige Einbindung ermöglicht es den Stakeholdern, Einfluss auf wichtige Themen wie Vorschriften zur Klimaberichterstattung zu nehmen. Eine aktive Beteiligung stellt sicher, dass Branchenkenntnisse in der Politikentwicklung berücksichtigt werden können (Interview 8) (Tab. 3.5).

4 Spezifika der Öl- und Gasbranche

Der Öl- und Gassektor ist für über 50 % der energiebezogenen Treibhausgasemissionen weltweit verantwortlich, was seine entscheidende Rolle beim globalen Übergang zu einer Netto-Null Wirtschaft unterstreicht (IEA, 2024). Die Bewertung der Übergangspläne von Öl- und Gasunternehmen, wie in Abb. 4.1 dargestellt, macht deutlich, dass die Berichterstattung der Unternehmen zu ihren Klimastrategien oft nicht ausreichend quantifiziert ist, insbesondere was die Dekarbonisierung betrifft.[1] Viele Unternehmen setzen auf ansprechende Abbildungen wie Wasserfall-Diagramme mit Farbverläufen in ihren Berichten, versäumen es jedoch, klare Prozentsätze oder Daten anzugeben, was dazu führt, dass die Strategien nicht nachvollziehbar sind. In mehreren Fällen listen Unternehmen potenzielle Strategien auf, ohne deren voraussichtliche Auswirkungen anzugeben. Die Berichte zu den Plänen, wie es mit der Förderung fossiler Brennstoffe weitergeht, sind noch begrenzter; zwar legen einige wenige Unternehmen mittelfristige Pläne vor, langfristige Prognosen sind jedoch selten. Diese mangelnde Transparenz birgt erhebliche Übergangsrisiken für Investoren. Obwohl die meisten Unternehmen ihre Gesamtinvestitionen und zukunftsgerichteten Prognosen offenlegen, fehlen oft detaillierte Angaben zur Mittelverwendung – insbesondere für Investitionen in die Dekarbonisierung –, was die Diskrepanz zwischen den veröffentlichten Klimazielen und der tatsächlichen Investitionsplanung unterstreicht. Die berichteten Erfolge beziehen sich hauptsächlich auf Methan. Die Fortschritte werden von Unter-

[1] Das TPI Centre hat zehn der weltweit größten börsennotierten Öl- und Gasunternehmen anhand seines Standards bewertet, darunter fünf Unternehmen aus Europa und fünf aus Nordamerika.

S. Behringer, T. Heroth, *Stärkung des ESG-Engagements durch aktive Eigentümerschaft*, essentials, https://doi.org/10.1007/978-3-658-51643-7_4

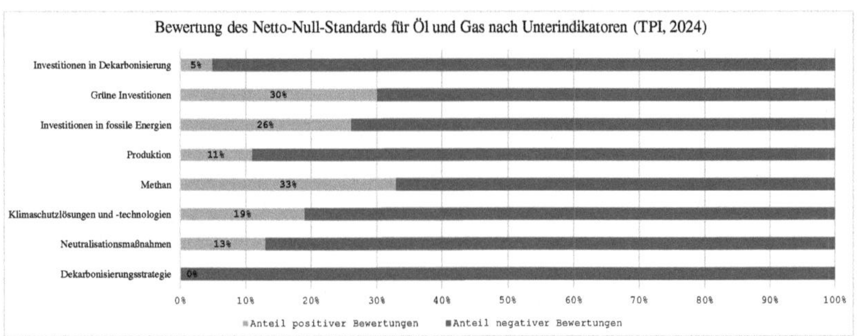

Abb. 4.1 Bewertung des Netto-Null-Standards für Öl und Gas nach Unterindikatoren (TPI, 2024)

nehmen vorangetrieben, die den „Goldstandard" der Oil and Gas Methane Partnership 2.0 erreichen und sich verpflichten, das routinemäßige Abfackeln von Erdgas bis 2030 zu beenden.[2] Die meisten Öl- und Gasunternehmen haben jedoch keine Methanreduktionsziele mit definierten Basis- und Zieljahren, einschließlich umfassender Minderungsstrategien (TPI, 2024).

4.1 Investitionen und Netto-Null-Transition in der Öl- und Gasindustrie

Jüngste Entwicklungen deuten darauf hin, dass die Unterstützung für die Umleitung von Kapital in erneuerbare Energien je nach Investorenbasis und strategischer Ausrichtung eines Unternehmens abnimmt. Dieser Trend geht oft mit einer breiteren Desinvestitionsaktivität innerhalb des Sektors einher, was auf eine mögliche Verschiebung der Prioritäten und Risikowahrnehmung der Investoren hindeutet (Interview 8). In Zeiten wirtschaftlicher und geopolitischer Spannungen wird die Treuhänderpflicht der Investoren tendenziell konservativer ausgelegt, wobei der Schwerpunkt stärker auf der kurzfristigen finanziellen Performance liegt. Diese risikoscheue Haltung basiert oft auf quantifizierbarem Druck der Kapitalmärkte und verstärkt die Zurückhaltung gegenüber Investitionen in die Netto-Null Transition, z. B. zur Umstellung auf kohlenstoffarme Technologien. Ohne einen systemi-

[2] https://www.ogmpartnership.org/

schen regulatorischen Druck oder gesetzliche Vorgaben, die zum Handeln zwingen, bleiben Unternehmen untätig – entweder, weil sie die Umstellung insgesamt zurückstellen oder, weil sie die weiteren Entwicklungen abwarten wollen. Diese Dynamik veranschaulicht, wie strukturelle Trägheit selbst angesichts wachsender Klimarisiken bestehen bleiben kann, und unterstreicht die Notwendigkeit einer regulatorischen Angleichung zur Unterstützung langfristiger treuhänderischer Verpflichtungen (Interview 5).

Die Diskussion über die Investitionsausgaben ist angesichts des Umfangs und der Kategorisierung der Investitionen von zentraler Bedeutung für die Bewertung von Aussagen zur Energiewende. Unternehmen geben möglicherweise „kohlenstoffarme" Ausgaben in Höhe von einer Milliarde US-Dollar an, doch diese umfassen oft vage definierte Posten wie Gasprojekte oder Einzelhandelsumsätze an Tankstellen. Während diese Zahlen bei den größeren Marktteilnehmern diejenigen von reinen Erneuerbare-Energien-Unternehmen wie dem dänischen Windkraftunternehmen Ørsted übersteigen können, verschleiern sie möglicherweise das tatsächliche Ausmaß der Transformation und unterstreichen die Notwendigkeit einer klaren Investitionsklassifizierung und Transparenz (Interview 8). Die Wahl der Technologie ist ein wichtiger Indikator für die Strategie bei der Umstellung von Unternehmen, da sie Aufschluss darüber gibt, was die Unternehmen konkret priorisieren. Dabei zeigen sich deutliche Unterschiede: Einige Unternehmen setzen auf Biokraftstoffe, andere investieren in Wasserstoff, wieder andere konzentrieren sich auf Offshore-Windenergie. Diese Schwerpunkte spiegeln unterschiedliche Annahmen hinsichtlich der Markterwartungen, der Infrastruktur und der politischen Ausrichtung wider.

Der mangelnde Fokus auf Wirtschaftlichkeit von Investitionen in erneuerbare Energien behindert oft den Fortschritt. Während sich viele Interessengruppen für das 1,5 °C-Ziel einsetzen, wird die wirtschaftliche Begründung für solche Investitionen nicht immer kommuniziert oder durch konkrete Fallstudien untermauert. In der Praxis erzielen Öl- und Gasaktiva im Vergleich zu erneuerbaren Energien weiterhin deutlich höhere Renditen. Diese Rentabilitätslücke stellt eine Herausforderung für die Kapitalallokation dar, insbesondere für Unternehmen, die unter dem Druck ihrer Aktionäre stehen. Das Erkennen dieser Diskrepanz ist für eine realistische Transitionsplanung und für die Konzeption von politischen oder finanziellen Instrumenten, die zur Schließung der Renditelücke beitragen können, von entscheidender Bedeutung (Interview 8).

Gleichzeitig wächst die Kritik daran, dass überschüssige Geldmittel für höhere Renditen – insbesondere durch Aktienrückkäufe – verwendet werden, anstatt in Strategien für den Übergang zu einer kohlenstoffarmen Wirtschaft reinvestiert zu werden. Dieses ist zu einem zentralen Thema in den Gesprächen zwischen Investoren und Öl- und Gasunternehmen geworden. Um die Widerstandsfähigkeit von Unternehmen und ihre Rolle in Übereinstimmung mit dem Pariser Abkommen zu bewerten, beziehen sich einige Investoren auf szenariobasierte Benchmarks, wie sie beispielsweise von der IEA bereitgestellt werden. Wenn ein Unternehmen nachweisen kann, dass es in der Lage ist, unter den Preisannahmen des 1,5 °C--Szenarios der IEA wettbewerbsfähige Aktienrenditen zu erzielen, wird es im Allgemeinen als finanziell robust und auf eine kohlenstoffarme Zukunft vorbereitet, angesehen. Wenn sich das Geschäftsmodell eines Unternehmens unter solchen Bedingungen als nicht tragfähig erweist, deutet dies auf hohe strukturelle Transitionsrisiken und eine nicht vorhandene Übereinstimmung zwischen den eigenen Klimazielen mit dem Pariser Abkommen hin. Dieser Ansatz integriert Finanzkennzahlen mit Klimaszenarien und unterstreicht die Bedeutung der Kapitalallokation sowohl unter den Gesichtspunkten des Klimaschutzes als auch unter dem Aspekt der treuhänderischen Verantwortung (Interview 7).

4.2 Reporting und Transparenz

Übergangspläne werden oft nicht linear, sondern als Kurve dargestellt, mit Wendepunkten, an denen Technologien wie die Abscheidung und Speicherung von Kohlendioxid voraussichtlich rentabel werden. Prognosen solcher Art haben aber Grenzen. Stakeholder stellen zunehmend die Glaubwürdigkeit bestimmter Transitionspfade infrage, und einige Methoden schließen bestehende Pläne nun von der Einstufung als 1,5 °C-konform aus, da sie sich auf unbewiesene oder verzögerte Minderungsstrategien stützen (Interview 8).

Bei der Bewertung der Fortschritte bei der Emissionsreduzierung zeigt sich ein bemerkenswerter Trend unter den führenden Öl- und Gasunternehmen: Reduzierungen sind vor allem bei den Scope-1- und Scope-2-Emissionen zu beobachten, die die direkten und energiebezogenen Emissionen aus Produktionsaktivitäten abdecken. Diese Reduzierungen spiegeln Verbesserungen der betrieblichen Effizienz und die Dekarbonisierung der vorgelagerten Prozesse wider. Bei den Unternehmen, mit denen die Zusammenarbeit im Rahmen des Engagements am intensivsten war, sind messbare Fortschritte in diesen Bereichen offensichtlich. Diese Fortschritte beschränken sich jedoch auf produktionsbezogene Emissionen und berücksichtigen nicht die Scope-3-Emissionen, die mit der Endnutzung fossiler Brennstoffe verbunden sind – Emissionen, die in der Regel den größten Teil des CO_2-Fußabdrucks von Öl- und Gasunternehmen ausmachen und daher für die Formulierung von 1,5 °C-konformen Zielen relevant sind. Daher sind Fortschritte bei Scope 1 und 2 zwar wichtig, geben aber nur ein unvollständiges Bild der Klimakonformität wieder (Interview 7).

Folglich bleibt die Transparenz bei Scope-3-Emissionen eine große Herausforderung, insbesondere im Zusammenhang mit der Festlegung von Zielen, die mit dem 1,5 °C-Ziel vereinbar sind. Wie bereits geschildert, zögern viele Unternehmen, insbesondere solche mit Sitz in den USA und Kanada, Scope-3-Emissionen zu melden, und verweisen auf regulatorische Unsicherheiten und ihre Präferenz, formelle Leitlinien wie eine Reportingvorschrift der amerikanischen Börsenaufsicht SEC abzuwarten. In Engagement-Dialogen führt dies häufig zu Spannungen: Während Unternehmen Maßnahmen bis zur Verabschiedung von Vorschriften zurückstellen, verweisen Stakeholder wie Vermögensinhaber und Asset Manager auf bestehende Rahmenwerke – wie das GHG Protocol –, die bereits klare Leitlinien für die Bilanzierung und Berichterstattung von Scope 3 Emissionen enthalten (Interview 6).

Ein zentraler Bestandteil von Strategien zum Engagement im Klimabereich ist die Forderung an Unternehmen, sich an den Zielen der SBTi auszurichten, die als klarer und standardisierter Maßstab für die Bewertung von Klimazielen gilt. Der Prozess hinter SBTi ist transparent, methodisch robust und branchenübergreifend anerkannt. Für die Öl- und Gasindustrie muss jedoch zunächst ein branchenspezifischer SBTi-Standard entwickelt werden. Trotz der Diskussionen um einen solchen Standard spiegelt sein Fehlen eher die technische Komplexität der Definition glaubwürdiger Dekarbonisierung im Bereich Öl und Gas wider als den Widerstand der Industrie. Sobald ein Standard festgelegt ist, dürfte er zu einem zentralen Instrument des Klimaschutzes werden. In der Zwischenzeit bieten Instrumente wie TPI einen strukturierten Rahmen, der Bewertungen von kurz-, mittel- und langfristigen Klimazielen und deren Übereinstimmung mit dem 1,5 °C-Ziel ermöglicht (Interview 8).

In Sektoren, in denen SBTi noch keine offiziellen Leitlinien veröffentlicht hat, werden Unternehmen dazu ermutigt, sich an den Praktiken ihrer Mitbewerber zu orientieren. Selbst wenn es noch keinen vollständig entwickelten sektorspezifischen Weg gibt, ist es oft möglich, Mitbewerber mit ähnlichen Geschäftsmodellen zu identifizieren – sei es mit einer vollständigen oder einer teilweisen Übereinstimmung (70–80 %) – und deren Ansätze zu untersuchen. Dies kann die Entwicklung vorläufiger Ziele unterstützen, die die besten verfügbaren Praktiken widerspiegeln, und so effektiv eine „halbwegs SBTi-konforme" Position schaffen, während die formelle Validierung noch aussteht. Darüber hinaus bietet die SBTi eine umfangreiche Liste von Sektoren und einen detaillierten Prozess für die Einreichung und Genehmigung von Zielen und damit einen strukturierten Rahmen, selbst wenn sektorspezifische Kriterien noch in der Entwicklung sind. In diesem Zusammenhang können aktives Herangehen und Transparenz als aussagekräftige Indikatoren für das Engagement dienen, selbst wenn keine formelle Konformität vorliegt (Interview 5).

4.3 Erwartungen der Investoren an die Öl- und Gasinfrastruktur

Einige Akteure sind der Ansicht, dass Investoren signalisiert haben, dass traditionelle expansionistische Ansätze zur Gewinnung fossiler Brennstoffe – zusammengefasst unter dem Motto „drill, baby, drill" – zunehmend unrentabel werden. Sie argumentieren, dass solche Strategien nicht mehr mit der aktuellen Finanzlogik vereinbar sind, da die globale Energiewende ein Stadium erreicht hat, in dem langfristige Investitionen in neue Öl- und Gasprojekte riskant und potenziell unrentabel erscheinen (Interview 2). Finanzinstitute werden bei der Unterstützung solcher Vorhaben immer vorsichtiger, da die mit kohlenstoffreichen Vermögenswerten verbundenen regulatorischen, reputationsbezogenen und marktlichen Risiken zunehmen.

Die politische Unsicherheit, insbesondere in den USA, bleibt ein erhebliches Hindernis für die langfristige Planung im Energiesektor. So kann z. B. ein neues Öl- oder Gasförderprojekt unter einer Regierung die behördliche Genehmigung erhalten, was eine Investitionsgenehmigung für die nächsten Jahre signalisiert. Die Möglichkeit eines Regierungswechsels – und das damit verbundene Risiko einer politischen Kehrtwende in Form der Rücknahme der Genehmigung – führt dennoch zu Zurückhaltung. Da die Projektentwicklungszeiten vier Jahre oder mehr betragen können, sehen sich Unternehmen und Investoren dem Risiko ausgesetzt, dass Investitionen in Exploration neuer Fundstätten von Öl und Gasquellen durch regulatorische Veränderungen künftig unrentabel oder sogar wertlos werden. Diese Unsicherheit erschwert Kapitalallokationsentscheidungen und zeigt die Bedeutung einheitlicher Regulierung und verlässlicher Energiepolitik.

Eine Schwierigkeit im Energiesektor ist die Bedeutung von staatlichen Interessen. Unternehmen wie Saudi Aramco oder große chinesische Energiekonzerne operieren beispielsweise unter erheblicher staatlicher Kontrolle, wobei die Regierungen oft als Mehrheitsaktionäre oder strategische Aufseher fungieren (Interview 7). Diese enge Verbindung mit staatlichen Zielen kann den Einfluss anderer Stakeholder einschränken und Bemühungen um einen offenen Dialog oder die Förderung alternativer Governance behindern.

5 Spezifika der Automobilbranche

Im Jahr 2023 beliefen sich die CO_2-Emissionen von Pkw und Lieferwagen auf 3,8 Gigatonnen, was über 60 % der Emissionen des Straßenverkehrs insgesamt entspricht. Pkw und Lieferwagen waren für über 25 % des weltweiten Ölverbrauchs und etwa 10 % der weltweiten energiebezogenen CO_2-Emissionen verantwortlich (IEA, 2025).

Um im Automobilsektor Netto-Null zu erreichen, sind erhebliche Investitionen erforderlich, die kurz- bis mittelfristig Druck auf die Ertragssituation der Unternehmen ausüben. Es wird erwartet, dass die Margen vorübergehend weiter sinken werden, wobei eine Erholung möglich ist, wenn Unternehmen durch frühzeitige Dekarbonisierung Marktanteile gewinnen. Verzögerungen bei der Dekarbonisierung bergen das Risiko, die Wettbewerbsfähigkeit auf dem wachsenden Markt für batterieelektrische Fahrzeuge (BEV) zu verlieren, insbesondere gegenüber aufstrebenden asiatischen Herstellern. Allerdings kann selbst eine starke BEV-Performance die Kosten mittelfristig möglicherweise nicht vollständig ausgleichen. Um die Dynamik aufrechtzuerhalten, müssen Automobilhersteller BEV günstiger machen und neue Erlösmodelle entwickeln. Auch die Stabilität der Zulieferer ist von entscheidender Bedeutung, da ein anhaltender Kostendruck wichtige Akteure zum Ausstieg aus dem Sektor zwingen könnte. Die Zusammenarbeit zwischen Industrie und Politik ist unerlässlich, um sicherzustellen, dass der Übergang sowohl wirtschaftlich tragfähig als auch ökologisch wirksam ist (Deloitte, 2023).

Um die Bemühungen Richtung Netto-Null zu verbessern, arbeitet SBTi an einem Netto-Null-Standard für den Automobilsektor, der die Limitationen aktueller Leitlinien für den Straßenverkehr überwindet. Die bestehenden Vereinbarungen für

S. Behringer, T. Heroth, *Stärkung des ESG-Engagements durch aktive Eigentümerschaft*, essentials, https://doi.org/10.1007/978-3-658-51643-7_5

den Straßenverkehrssektor sind noch nicht auf das 1,5 °C-Ziel ausgerichtet. Automobilhersteller werden derzeit von SBTi nur für Scope-3-Emissionen der Kategorie 11 auf das 1,5 °C-Ziel festgelegt. Der bevorstehende Netto-Null-Standard der SBTi für den Automobilsektor wird diese Einschränkungen beseitigen, indem er umfassende, sektorspezifische Pfade und ein Instrument zur Zielsetzung einführt, das mit dem 1,5 °C-Ziel in Einklang steht (SBTI, 2025). Die folgenden Abschnitte konzentrieren sich auf die wichtigsten Unterscheidungen beim Thema ESG-Engagement zur Netto-Null-Transition in der Automobilindustrie im Vergleich zu anderen Sektoren, die aus den Interviews gewonnen wurden.

5.1 Ausrichtung auf Netto-Null-Ziele

Nach Meinung der Interviewpartner haben Automobilunternehmen im Vergleich zu Unternehmen aus dem Öl- und Gassektor eine konstruktivere und proaktivere Haltung zu Netto-Null-Zielen gezeigt. Zwischen beiden Sektoren gibt es einen engen Zusammenhang. Engager mit Netto-Null-Fokus priorisieren neben dem Öl- und Gassektor häufig auch den Automobilsektor, da beide Branchen zentrale Hebel für die Erreichung der Klimaziele darstellen. Das Engagement in der Automobilindustrie unterscheidet sich deutlich von anderen Sektoren. Die meisten Unternehmen legen bereits ihre Scope-3-Emissionen offen und haben entsprechende Ziele, doch mangelt es den Zielen manchmal an Ambition. Die Diskussionen konzentrierten sich darauf, diese Ziele mit SBTi in Einklang zu bringen, insbesondere im Hinblick auf die Validierung der mittelfristigen Ziele. Während Unternehmen zuvor den allgemeinen Leitlinien für den Straßenverkehr genügen sollten, werden mit dem sektorspezifischen Standard für die Automobilindustrie klarere Erwartungen an die Zielsetzung und -erreichung gestellt (Interview 6 und 7).

5.2 Strukturelle Marktmerkmale, die das Engagement beeinflussen

Ein strategischer Vorteil der Zusammenarbeit mit großen Automobilherstellern liegt in der Möglichkeit, indirekt Einfluss auf deren Lieferketten zu nehmen. Durch einen Dialog mit den führenden Unternehmen können Investoren auch Fragen dazu stellen, wie die Unternehmen mit ihren Lieferanten in Nachhaltigkeitsaspekten zusammenarbeiten. Dies schafft einen Multiplikatoreffekt, der ESG-Überlegungen und Standards auf die gesamte Wertschöpfungskette ausweiten kann (Interviews 1, 6 und 7).

Die direkte Zusammenarbeit mit Automobilherstellern, insbesondere in Europa, ist jedoch mit erheblichen Herausforderungen verbunden. Viele dieser Unternehmen befinden sich zu einem wesentlichen Teil im Besitz staatlicher Stellen oder Gründerfamilien, was oft dazu führt, dass institutionelle Investoren nur eine Minderheitsbeteiligung halten. Diese Eigentümerstruktur schränkt den Einfluss von ESG-Engagements ein und erschwert es, Veränderungen voranzutreiben. Infolgedessen wurde von einigen Engagern die strategische Entscheidung getroffen, den Fokus von dem Einfluss auf die Angebotsseite – d. h. der Hersteller selbst – auf die Nachfrageseite zu verlagern, wo eine größere Wirkung erzielt werden kann (Interview 2).

Häufige Konsolidierungen und Veränderungen in den Unternehmensstrukturen stellen weitere Herausforderungen im Sektor dar. So kann beispielsweise eine Fusion die strategische Ausrichtung eines Unternehmens erheblich verändern. SBTi-validierte Klimaziele können durch solche strukturellen Veränderungen erheblich verändert werden, was sich auf die ESG-Verpflichtungen der Unternehmen auswirkt (Interview 6).

Eine der größten Unsicherheiten für die Automobilindustrie ist der Markt für Elektrofahrzeuge. Dies wird besonders dadurch deutlich, dass einige etablierte Automobilhersteller einen Umsatzrückgang verzeichnen, während andere, die eine besondere Expertise in der Herstellung von Elektrofahrzeugen haben, gut abschneiden. Dies deutet darauf hin, dass die Herausforderung nicht für die gesamte Branche gleich ist, sondern je nach Unternehmen variiert. Daher ist eine breite Akzeptanz durch die Verbraucher nach wie vor unerlässlich, um den Übergang der Branche zur Netto-Null Wirtschaft zu unterstützen. Eine der größten Herausforderungen bleibt der Preis, da BEV im Allgemeinen immer noch teurer als Fahrzeuge mit Verbrennungsmotor sind. Darüber hinaus beeinträchtigen Bedenken hinsichtlich der Reichweite und der begrenzten Ladeinfrastruktur weiterhin die Akzeptanz von Elektrofahrzeugen (Interview 7).

5.3 Vorschriften und Richtlinien

In Europa hat die Verschiebung von Fristen für die Ausmusterung von Fahrzeugen mit Verbrennungsmotor zu Unsicherheit bei den Automobilherstellern geführt und deren langfristige Planung erschwert. Unternehmen werden ermutigt, sich mit politischen Entscheidungsträgern in Verbindung zu setzen, um sich für klare Vorschriften und einheitliche Zeitpläne einzusetzen.

Einige Automobilhersteller plädieren für die weitere Zulassung von kohlenstoffarmen Alternativen wie grünen Kraftstoffen oder Wasserstoff. In diesen Fällen wird von ihnen erwartet, dass sie die technische und wirtschaftliche Machbarkeit solcher Lösungen nachweisen und die dafür erforderlichen politischen Rahmenbedingungen skizzieren. Angesichts der hohen Kosten von grünem Wasserstoff sind klare Strategien bei der Interessenvertretung unerlässlich. Insgesamt ist die politische Stabilität ein wichtiges Anliegen für den Automobilsektor, insbesondere im Hinblick auf die Infrastrukturentwicklung und die allgemeine Energiewende (Interview 7).

Automobilunternehmen engagieren sich zunehmend in der Politik, um die Infrastrukturentwicklung zu unterstützen und staatliche Subventionen einzufordern – häufig über Branchenverbände. Die Energiewende ist ein wichtiger Schwerpunkt, insbesondere im Hinblick auf ihre Auswirkungen auf Lieferketten und den Zugang zu kritischen Rohstoffen (Interview 7).

Was als nachhaltig gilt, variiert von Land zu Land. So werden in Norwegen, wo Elektrofahrzeuge weit verbreitet sind, Hybridfahrzeuge nicht als umweltfreundlich eingestuft. In Südafrika hingegen gelten hybride öffentliche Verkehrsmittel als nachhaltige Lösung. Diese rechtlichen Unterschiede unterstreichen die Notwendigkeit, Engagementstrategien an nationalen Gegebenheiten auszurichten, die als Leitfaden für nachhaltige Investitionsentscheidungen dienen (Interview 4).

5.4 Berichterstattung zu Investitionen, Biodiversität, Humankapital und Scope 4

Im Automobilsektor zeigt sich der Übergang zur Netto-Null Wirtschaft, wie in fast allen Branchen, zunehmend in Investitionsentscheidungen. Unternehmen verlagern ihre Investitionen von der Produktion von Verbrennungsmotoren hin zur Herstellung von Elektrofahrzeugen, einschließlich Batterietechnologien und EV-spezifischen Plattformen. Die Bemühungen einer aktiven Eigentümerverantwortung konzentrieren sich darauf, ob Investitionen mit den Klimazielen in Einklang stehen und langfristige Strategien zur Dekarbonisierung unterstützt werden. Die Umverteilung von Investitionen wird daher als Indikator für eine glaubwürdige Übergangsplanung angesehen (Interview 7).

Wichtig sind auch die Auswirkungen auf die Biodiversität, insbesondere aufgrund der Nachfrage nach seltenen Erden, die für die Batterieproduktion benötigt werden. Dies ist einer der zentralen ökologischen Herausforderungen im Automobilsektor. Ebenso wichtig ist die Berücksichtigung des Humankapitals in der Transition. Unternehmen müssen sicherstellen, dass ihre Mitarbeitenden beim Übergang von Verbrennungsmotoren zu Elektrofahrzeugen unterstützt werden. Dazu gehört die Weiterbildung der Belegschaft und eine faire Behandlung. Diese miteinander verbundenen Themen – technologische Bereitschaft, Infrastruktur, Nachhaltigkeit der Lieferkette und Eingehen auf die Belegschaft – stehen derzeit im Mittelpunkt des Engagements in diesem Sektor (Interview 7).

Ein sich abzeichnender Trend im Automobilsektor ist die Berücksichtigung von Scope-4-Emissionen – der vermiedenen Emissionen – durch Unternehmen, die hauptsächlich Elektrofahrzeuge herstellen. Unternehmen beginnen, Scope-4-Berichte zu prüfen, um ihren Beitrag zur Emissionsreduzierung zu demonstrieren. Diese Entwicklung sollte beobachtet werden, da sie zu einem wichtigen Aspekt der Nachhaltigkeitsberichterstattung in der Branche und darüber hinaus werden könnte (Interview 7).

6 Zusammenfassung und Ausblick

Stewardship und ESG-Engagement sind ein wichtiger Grundsatz für Investoren, Eigentümer und Vermögensverwalter, um den Dialog mit Unternehmen über Nachhaltigkeitsthemen wie den Übergang zu Netto-Null Emissionen zu führen. ESG-Engagement ist zu einem wichtigen Bestandteil des Stewardships geworden. Dies geht über die reine Ausübung von Stimmrechten hinaus und umschreibt einen konstruktiven, zielgerichteten Austausch mit im Fokus stehenden Unternehmen, der mehr ist als die rein finanzielle Treuhänderpflicht.

Die Ergebnisse der Literaturrecherche zeigen, dass ein effektives Engagement auf einem gut vorbereiteten und transparenten Dialog beruht. Der Aufbau einer starken Beziehung zwischen Stakeholder und Unternehmen, die auf Vertrauen und klarer Kommunikation basiert, ist für das Erreichen sinnvoller Ergebnisse unerlässlich. Der Erfolg des Engagements wird durch die Verwendung anerkannter ESG-Rahmenwerke und -standards weiter unterstützt. Diese können helfen, Gespräche zu strukturieren und Erwartungen abzustimmen. Darüber hinaus erhöht der Zugang zu ausgefeilten, branchenspezifischen Daten die Wirkung des Engagementprozesses.

Wie die empirische Analyse zeigt, ist die Transformation von Unternehmen – insbesondere in den Bereichen Öl und Gas sowie Automobilindustrie – im Hinblick auf die Einhaltung des 1,5 °C-Klimaziels nach wie vor komplex und herausfordernd.

Ein wirksames Engagement zur Unterstützung des Übergangs zur Netto-Null-Wirtschaft dreht sich in erster Linie um die Kapitalallokation für grüne Technologien und erneuerbare Energien, die Festlegung transparenter und glaubwürdiger Emissionsreduktionsziele und ein umfassendes Reporting zu allen Emissionen –

S. Behringer, T. Heroth, *Stärkung des ESG-Engagements durch aktive Eigentümerschaft*, essentials, https://doi.org/10.1007/978-3-658-51643-7_6

Scope 1, 2 und 3, wobei für die Automobilindustrie Scope 4 hinzukommt. Die Festlegung von Zielen muss durch einen robusten Regulierungsrahmen unterstützt werden, der über die Reportingpflichten hinausgeht und sektorspezifische politische Instrumente umfasst, die auf emissionsintensive Branchen zugeschnitten sind.

Investoren und Vermögensverwalter tragen Verantwortung dafür, angemessene Zeitrahmen und Ziele festzulegen. Ebenso müssen Unternehmen sicherstellen, dass die Mitglieder des Aufsichtsrats und die Führungskräfte aktiv in die Netto-Null-Strategie eingebunden sind. Dazu gehört, dass sie auf Expertenwissen zurückgreifen, die Vergütung der Führungskräfte an Nachhaltigkeitsergebnisse koppeln und die Unabhängigkeit des Aufsichtsrats gewährleisten. Auch Lobbyarbeit spielt eine entscheidende Rolle – nicht nur, um Bestrebungen entgegenzuwirken, die den Klimaschutz behindern, sondern auch, um sich aktiv für politische Maßnahmen und Industriestandards einzusetzen, die das 1,5 °C-Ziel unterstützen.

Um nachhaltige Investitionen anzuziehen und langfristige Wettbewerbsfähigkeit zu gewährleisten, müssen Unternehmen innerhalb ihrer Branchen eine Führungsrolle übernehmen, indem sie klare, zukunftsweisende Beispiele und *best practices* aufzeigen. Sowohl in der Öl- und Gasindustrie als auch in der Automobilwirtschaft ist es von Bedeutung, überzeugende Geschäftsargumente für den Übergang zu Netto-Null zu formulieren. Dazu gehört auch, aufzuzeigen, wie Dekarbonisierung nicht nur Risiken mindern, sondern auch neue Einnahmequellen erschließen und die Widerstandsfähigkeit von Geschäftsmodellen stärken kann. Investoren lenken ihr Kapital zunehmend in Unternehmen, die Nachhaltigkeitsverpflichtungen mit finanzieller Performance in Einklang bringen können. Daher ist die Integration von Netto-Null-Pfaden in die Kerngeschäftsstrategie ein Faktor für die Zufriedenheit der Investoren und für weiterhin fliesendes Kapital.[1]

Zusammenfassend lässt sich sagen, dass ein ganzheitlicher Ansatz zur Risikominderung – bei gleichzeitiger Betonung der Geschäftsmöglichkeiten durch verantwortungsbewusstes Handeln und Engagement – es Vermögensinhabern und Verwaltern ermöglicht, Vorteile zu schaffen. Die aktive Bekämpfung systemischer Risiken, wie sie beispielsweise mit dem Klimawandel verbunden sind, steht nicht nur im Einklang mit den treuhänderischen Pflichten auf Unternehmensebene, sondern erhöht auch die allgemeine Widerstandsfähigkeit des Portfolios, indem sie sowohl physische als auch finanzielle Risiken über alle Anlageklassen hinweg mindert.

[1] Tab. A1 im Anhang fasst die wichtigsten Ergebnisse der Interviews zusammen, gegliedert nach Themen, Kriterien, Merkmalen und Maßnahmen, die von den Befragten als besonders relevant für den Übergang zu Netto-Null sowohl im Öl- und Gassektor als auch im Automobilsektor identifiziert wurden.

Was Sie aus diesem *essential* mitnehmen können

- Investoren und Asset Manager können für die Transformation der Unternehmen zu Netto-Null Emissionen sehr relevant sein.
- Wichtige Kriterien für ein wirkungsvolles Engagement von Investoren sind die Investitionspolitik ihrer Beteiligungsunternehmen, die offene und nachvollziehbare Darstellung ihrer Nachhaltigkeitsziele und die Unabhängigkeit und Unterstützung durch den Aufsichtsrat.
- Teile der Öl- und Gasbranche neigen dazu, ihre Dekarbonisierung zu positiv darzustellen. Nationale Interessen können teilweise eine glaubwürdige Dekarbonisierung erschweren.
- Im Automobilsektor prägt die Transformation zu Elektromobilität das ESG-Engagement. Hier können Scope 4 Emissionen (vermiedene Emissionen) besonders relevant beim Weg zu Netto-Null werden.

S. Behringer, T. Heroth, *Stärkung des ESG-Engagements durch aktive Eigentümerschaft*, essentials, https://doi.org/10.1007/978-3-658-51643-7

Anhang

(Siehe Tab. A1)

Tab. A1 Zusammenfassung der wichtigsten Ergebnisse

Thema	Kriterien	Merkmale und Maßnahmen
Investitionsausgaben	Erneuerbare Energien und grüne Technologien	Anteil an den Gesamt- und erwarteten Einnahmen
		Technologieauswahl
		Kostenstruktur mit zugewiesenem Kapital
		Umsetzbarkeit
	1,5 °C-konformes Produktportfolio	Klare und transparente Szenarien mit skizzierten Umsatzpotenzialen
	Diversifizierung des Geschäftsmodells	Im Einklang mit Klimazielen und Strategie
	F&E-Ausgaben	

(Fortsetzung)

S. Behringer, T. Heroth, *Stärkung des ESG-Engagements durch aktive Eigentümerschaft*, essentials, https://doi.org/10.1007/978-3-658-51643-7

Tab. A1 (Fortsetzung)

Thema	Kriterien	Merkmale und Maßnahmen
Strategien zur Dekarbonisierung	Dekarbonisierungs-richtlinie	Umsetzung und Verabschiedung
	Übergangspläne	Finanzierungsstruktur und realistische Ziele
	Lieferantenbewertung	Emissionsüberwachung und Berichterstattung von Scope 3
	Verbessertes Risikomanagement	Verbindung von ERM mit Nachhaltigkeitsrisiken und -chancen
	Kurzfristige Ziele (2025–2030)	Anreize und Nachhaltigkeits-Governance
		Messung der Treibhausgasreduktion
		Fortschrittsberichte
	Mittelfristige Ziele (2030–2040)	Die mittelfristigen Ziele umfassen mindestens 90 % der Scope-1- und Scope-2-Emissionen sowie wichtige Scope-3-Kategorien.
		Unabhängige Validierung der Übereinstimmung mit dem 1,5 °C-Ziel (z. B. durch SBTi-Validierung)
		Fortschrittsberichte
	Langfristige Ziele (2040–2050)	Scope 3-Abdeckung einschließlich wirkungsvoller Kategorien
Aufsichtsrat	Klimabewusstsein	
	Unabhängigkeit des Aufsichtsrats	Mehrheit von unabhängigen Aufsichtsratsmitgliedern
	Überwachung der Übergangspläne	Kompetenz und Kapazität
Management	Tone from the top	Visionäre, zukunftsorientierte Ansichten
	Vergütung	Gekoppelt an Emissionsreduktionsziele (Scope 1–3)
Best-in-Class- und Peer-Group-Vergleiche	Klimaziele	Machbarkeit und Transparenz
	Nachhaltigkeitsinvestitionen	Bewährte Verfahren
	Umsatzentwicklung	Fortschritte
Einfluss der Hauptaktionäre	Mehrheitsunterstützung	Investitionspräferenzen im Zusammenhang mit Nachhaltigkeitsaspekten
Lobbying-Aktivitäten	1,5 °C-konform	Glaubwürdigkeit der Aktivitäten
Regulatorischer Druck	Reportingvorschriften	Reporting von Nachhaltigkeitsinformationen und -prozessen
	Industriepolitik	Anreize für Veränderungen

Literatur

Allen, M. R., Dube, O. P., Solecki, W., Aragón-Durand, F., Cramer, W., Humphreys, S., et al. (2018). Framing and context. In V. Masson-Delmotte, P. Zhai, H.-O. Pörtner, D. Roberts, J. Skea, P. R. Shukla, et al. (Hrsg.), *Global warming of 1.5°C* (S. 49–92). Cambridge University Press.

Azar, J., Duro, M., Kadach, I., & Ormazabal, G. (2021). Die großen Drei und die CO_2-Emissionen von Unternehmen weltweit. *Journal of Financial Economics, 142*(2), 674–696.

Balp, G., & Strampelli, G. (2022). Institutional investor ESG engagement: The European experience. *European Business Organization Law Review, 23*(4), 869–904.

Barko, T., Cremers, M., & Renneboog, L. (2022). Engagement der Aktionäre für Umwelt-, Sozial- und Governance-Leistungen. *Journal of Business Ethics, 1–36.*

Barnett, J., & Peura, P. (2022). Die Zukunft des Engagements von Investoren: Ein Aufruf zu systematischer Verantwortung, um systemische Klimarisiken anzugehen. (Unveröffentlichtes Manuskript).

Bauer, R., Derwall, J., & Tissen, C. (2023). Engagement privater Aktionäre zu wesentlichen ESG-Themen. *Financial Analysts Journal, 79*(4), 64–95.

Bernstein, L. A. (1967). Das Konzept der Wesentlichkeit. *The Accounting Review, 42*(1), 86–95.

Bonacchi, M., Klein, A., Longo, S., & Strampelli, G. (2022). Die Auswirkungen glaubwürdiger freiwilliger Offenlegungen: Engagement institutioneller Anleger und ESG-Leistungen der Beteiligungsunternehmen. *European Corporate Governance Institute (ECGI) - Law Working Paper, 2022*(620).

Brunner, K., & Fäh, A. (2023). *Swiss Stewardship Code*. Vermögensverwaltungsverband Schweiz und Swiss Sustainable Finance. https://www.sustainablefinance.ch/api/rm/5A7ME29CD6M925N/2023-10-04-swiss-stewardship-code-final.pdf

Clark, G. L., McGill, S., Saito, Y., & Viehs, M. (2015). Institutional shareholder engagement with Japanese firms. *Annals in Social Responsibility, 1*(1), 30–56.

S. Behringer, T. Heroth, *Stärkung des ESG-Engagements durch aktive Eigentümerschaft*, essentials, https://doi.org/10.1007/978-3-658-51643-7

ClimateAction: Net Zero Company Benchmark, Climate Action 100+. (2024). https://www.climateaction100.org/progress/net-zero-company-benchmark. Zugegriffen: 13. Nov. 2025.

Deloitte: Pathway to Net Zero. (2023). *Mastering the twofold goal of decarbonization and profitability*. Deloitte. https://www.deloitte.com/content/dam/assets-shared/legacy/docs/perspectives/2022/gx-pathway-to-net-zero-automotive-study.pdf

Donaldson, L., & Davis, J. H. (1991). Stewardship-Theorie oder Agency-Theorie: CEO-Governance und Aktionärsrenditen. *Australian Journal of Management, 16*(1), 49–64.

Duevski, T., Rastogi, C., & Yao, T. (2023). ESG-Vorfälle und Kapitalbeschaffung im Private-Equity-Bereich. *Verfügbar unter SSRN, 4641071.*

Eccles, R.G., & Klimenko, S. *Die Revolution der Investoren.* Harvard Business Review. https://hbr.org/2019/05/the-investor-revolution. Zugegriffen: 13. Nov. 2025.

Heroth, T., Follert, F., Berchtold, N., & Behringer, S. (2024). ESG-Engagement durch aktive Eigentümerschaft – Fallstudie zu Daten und Erfolgsfaktoren. In S. T. Weber & J. Hastenteufel (Hrsg.), *Nachhaltigkeit im Controlling: Aktuelle Entwicklungen, praxisorientierte Ansätze und Lösungen mit Unternehmensbeispielen* (S. 49–64). Springer Gabler.

Hoepner, A. G., Oikonomou, I., Sautner, Z., Starks, L. T., & Zhou, X. ESG-Aktionärsengagement und Abwärtsrisiko. *Review of Finance (erscheint in Kürze).* European Corporate Governance Institute – Finance Working Paper Nr. 671/2020. Swiss Finance Institute Research Paper Nr. 23–77.

In, S. Y., Rook, D., & Monk, A. (2019). Integration alternativer Daten (auch bekannt als ESG-Daten) in die Investitionsentscheidung. *Global Economic Review, 48*(3), 237–260.

Internationale Energieagentur (IEA): Cars and Vans. (2021). https://www.iea.org/energy-system/transport/cars-and-vans. Zugegriffen: 13. Nov. 2025.

Internationale Energieagentur (IEA): Treibhausgasemissionen aus dem Energy Data Explorer. (2024). https://www.iea.org/data-and-statistics/data-tools/greenhouse-gas-emissions-from-energy-data-explorer. Zugegriffen: 13. Nov. 2025.

Internationale Energieagentur (IEA): Netto-Null bis 2050: Ein Fahrplan für den globalen Energiesektor. (2025). https://www.iea.org/reports/net-zero-by-2050. Zugegriffen: 13. Nov. 2025.

Khan, M., Serafeim, G., & Yoon, A. (2016). Nachhaltigkeit in Unternehmen: Erste Erkenntnisse zur Wesentlichkeit. *The Accounting Review, 91*(6), 1697–1724.

Li, J., & Wu, D. (2020). Führen Engagements im Bereich der sozialen Verantwortung von Unternehmen zu echten Auswirkungen auf Umwelt, Gesellschaft und Unternehmensführung? *Management Science, 66*(6), 2564–2588.

Liang, H., Sun, Y., Tham, M., & Tham, M. (2025). Vorfallgesteuertes ESG-Engagement. *The European Corporate Governance Institute. Finance Working Paper, Nr. 1102/2025.*

Mercereau, B., Melin, L., & Lugo, M. M. (2022). Schaffung von Shareholder Value durch ESG-Engagement. *Journal of Asset Management, 23*(7), 550–566.

Meredith, S. (2025). *Ölriese BP bereitet sich auf Showdown mit Aktionären wegen Kehrtwende bei der Umweltstrategie vor.* CNBC. https://www.cnbc.com/2025/04/17/bp-agm-oil-giant-faces-shareholder-revolt-over-green-strategy-u-turn.html. Zugegriffen: 13. Nov. 2025.

Nesbitt, S. L. (1994). Langfristige Vorteile durch Aktionärsaktivismus: Eine Studie zum „CalPERS-Effekt". *Journal of Applied Corporate Finance, 6*(4), 75–80.

Peres Da Costa, S., Chandler, P. Active Ownership 2.0: Die dringend notwendige Weiterentwicklung der Stewardship. Grundsätze für verantwortungsbewusstes Investieren. https://www.unpri.org/download?ac=9721. Zugegriffen: 13. Nov. 2025.

Piani, V., & Gond, J. P. (2014). Förderung des Engagements von Investoren in ESG-Fragen: Die PRI-Initiative in der Praxis. *Rotman International Journal of Pension Management, 7*(1), 1–6.

Sætra, H. S. (2024). Die ESG-Gegenreaktion: Politik, Ideologie und die Zukunft nachhaltiger Unternehmen. In *Responsible firms: CSR, ESG, and global sustainability* (Bd. 23, S. 161–167). Emerald Publishing.

Science Based Targets Initiative (SBTI): Klimaziele: SBTi erhöht die Messlatte auf 1,5°C. https://sciencebasedtargets.org/news/SBTI-raises-the-bar-to-1-5-c. Zugegriffen: 13. Nov. 2025.

Semenova, N., & Hassel, L. G. (2019). Privates Engagement nordischer institutioneller Investoren in Bezug auf Umwelt-, Sozial- und Governance-Risiken in globalen Unternehmen. *Corporate Governance: An International Review, 27*(2), 144–161.

Transition Pathway Initiative (TPI): Setting the standard: Assessing oil and gas companies' transition plans. https://transitionpathwayinitiative.org/publications/uploads/2024-setting-the-standard-assessing-oil-and-gas-companies-transition-plans. Zugegriffen: 13. Nov. 2025.

Umweltprogramm der Vereinten Nationen (UNEP). (2024). *Emissions gap report 2024.* UNEP. https://www.unep.org/resources/emissions-gap-report-2024. Zugegriffen: 13. Nov. 2025

Wagemans, F. A., Van Koppen, C. S. A., & Mol, A. P. (2018). Engagement niederländischer Pensionsfonds in ESG-Fragen: Wird das Potenzial voll ausgeschöpft? *Journal of Sustainable Finance & Investment, 8*(4), 301–322.

MIX
Papier aus verantwortungsvollen Quellen
Paper from responsible sources
FSC® C105338

If you have any concerns about our products,
you can contact us on
ProductSafety@springernature.com

In case Publisher is established outside the EU,
the EU authorized representative is:
Springer Nature Customer Service Center GmbH
Europaplatz 3, 69115 Heidelberg, Germany

Printed by Libri Plureos GmbH
in Hamburg, Germany